*DRESSLER* / menschen

*Die*
*aktuelle*
*Biographien-Reihe*

- *sachlich · kritisch · spannend*
- *über Menschen im 20. Jahrhundert*
- *für Jugendliche*

*Lektorat: Elisabeth Raabe*
*Grafische Gestaltung: Manfred B. Limmroth*

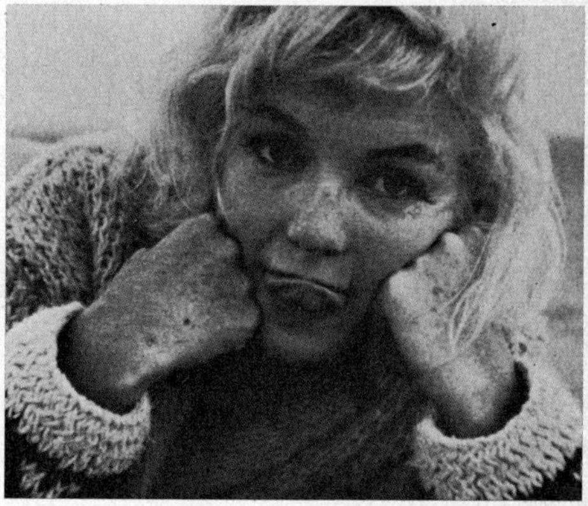


Bildquellennachweis s. S. 176
Gesamtherstellung: Clausen & Bosse, Leck
Printed in Germany 1978
ISBN 3 7915 5009 8

*WOLFGANG TUMLER*

# MARILYN MONROE

*Cecilie Dressler Verlag · Hamburg*

*Der erste Vamp war nicht etwa Marilyn Monroe, sondern Theda Bara, die 1915 einen Vampir spielte und so den Begriff «Vamp» prägte. Für eine Fotoserie legte Marilyn deren Kostüm und Maske an. So bedrohlich wie hier sah sie in keinem ihrer Filme aus. Marilyn selbst setzte sich mit einem anderen Typ durch, für den es bis heute nur ein Wort gibt: Marilyn.*

*Zuerst habe ich mich gefragt: Was ist dran an Marilyn Monroe? Warum lassen sich die Mädchen wieder ihre Dauerwelle in Marilyns Blond legen? Warum sind die Jungen von heute so scharf auf sie wie ihre Väter? Warum hängen sie vor dem Fernseher und fahren so auf diesen alten Filmen ab?*
*Eins ist klar: Das steigende Angebot von Pop-Stars, die Überschwemmung mit Platten, Kassetten, Filmen und Fernsehspots überfordert jeden. Wer ist da wirklich gut? Wer macht mich nur an? Wann soll ich mir das alles überhaupt vorführen? Eine Sehnsucht nach klaren Verhältnissen, nach überschaubaren Größen macht sich breit. Marilyn scheint eine solche Größe gewesen zu sein. Sie war zu Lebzeiten schon «weltberühmt» – heute hieße sie «Superstar» –, und mit ihrem frühen Tod ist sie zum Mythos geworden, zu einer Legende von ewiger Schönheit, zauberhaften Liebesgeschichten und sagenhaftem Reichtum.*
*Inzwischen ist es üblich, hinter die Kulissen zu gucken, dem Unterschied zwischen glänzender Fassade und der Erbärmlichkeit dahinter nachzuspüren. Viele haben sich diese Mühe auch mit Marilyn Monroe gemacht, und diese Bücher wurden Bestseller.*

*Ich habe sie gelesen und festgestellt, daß die meisten munter voneinander abgeschrieben haben – kein Wunder, denn kaum einer kannte Marilyn selbst.*
*Ich war noch ein Kind, als sie starb, und als ich mit diesem Buch hier begann, mußte ich auch viel abschreiben, habe auch manchmal mitgeraten, wenn es rätselhaft wurde. Denn die Nachrichten aus dem Privatleben von Marilyn Monroe, Mitteilungen über ihre Gefühle und Erfahrungen, werden immer spärlicher, je mehr sie vom Show-Geschäft aufgesogen, je mehr sie zur Kunstfigur wird und der Mensch dahinter verschwindet. Aber dann konnte ich in New York mit einem Menschen sprechen, der Marilyn wirklich gut gekannt hat: mit ihrem Schauspiellehrer Lee Strasberg. Außerdem habe ich mir noch einmal ihre Filme angesehen, denn zuallererst war Marilyn ja nicht Gegenstand von Klatsch und Tratsch, sondern ein Filmstar.*
*Was sie auf der Leinwand geleistet hat, ist heute noch nachprüfbar, und jeder kann das für sich beurteilen. Wie sie gelebt hat, ist nicht so sicher. Für mich beim Schreiben und für Euch beim Lesen heißt das: Vielleicht war es so, wie es hier steht.*

# Norma Jean

**1. Juni 1926**
In Los Angeles geboren

Norma Jean Baker, geboren am 1. Juni 1926 in Los Angeles, hatte drei Väter und doch keinen einzigen. Ihre Mutter, Gladys Baker, liebte Männer, die nicht besonders treu und zuverlässig waren. Herr Baker, von dem wir nicht einmal den Vornamen kennen, hatte sie mit zwei Kindern sitzengelassen, die er ihr später auch noch wegnahm. Edward Mortenson, von dem Norma Jean stammen könnte, war seiner Familie in Norwegen weggelaufen und kam vor der Geburt des Kindes bei einem Motorradunfall ums Leben. Der dritte hieß C. Stanley Gifford und war bei Consolidated Film Industries in Hollywood angestellt, wo auch Gladys Baker arbeitete. Für Mortenson als Vater spricht, daß Marilyn Monroe diesen Namen bei ihrer Hochzeit mit Joe di Maggio angab.
Norma Jean hatte nicht nur keinen Vater, sondern auch keine Identität. Ihre Mutter hat ihr später ein Foto gezeigt. Aus einem goldenen Rahmen lächelte ein schöner Mann mit Schlapphut und Schnurrbart, der Vater. Aber wer war das? Er sah Clark Gable sehr ähnlich und bestimmte vorerst Norma Jeans Vorstellung vom idealen Mann. Schon hier stach eine Folie, eine Abbildung jede Realität aus, die sich im tatsächlichen Alltag erst bewähren müßte. Den Menschen, den Vater, hinter diesem Bild hat sie nie kennengelernt.

## Kein Zuhause

Vielleicht war es auch der Job ihrer Mutter, der Norma Jean von Anfang an auf Abbilder, auf eine vermittelte Wirklichkeit, festlegte und es ihr später schwermachte, mit den Originalen zurechtzukommen. Gladys Baker, eine geborene Monroe, deren Vater von James Monroe abstammen soll, dem 5. Präsidenten der USA, war Nega-

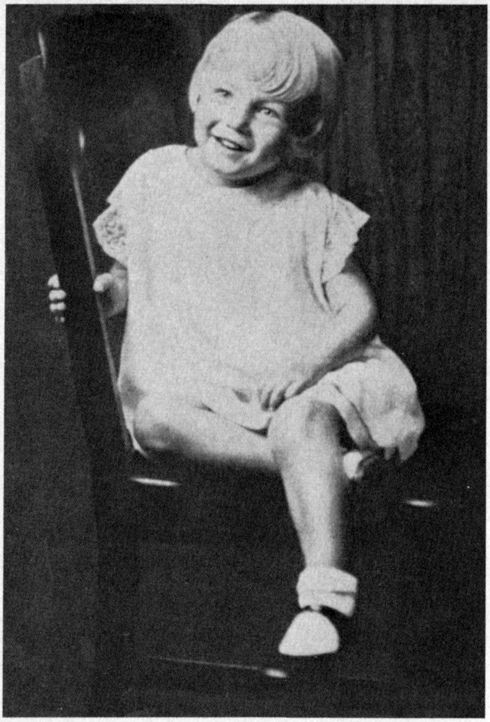

*Strahlend auf der Schaukel: Mit acht Jahren kommt Norma Jean endlich zur Mutter.*

tiv-Cutterin. Sie mußte zusammen mit vielen anderen Frauen an Film-Negativen nacharbeiten, was Regisseure und Cutterinnen aus einer Kopie hergestellt hatten: den fertigen Film. Für Gladys Baker war das eine stumpfsinnige Arbeit, die nichts mit der Spannung oder Freude beim Filmen zu tun hat, da sie nicht nach Inhalten, sondern nach winzigen Randnummern schneiden mußte, die zur Orientierung auf das Filmmaterial gedruckt waren. Immerhin hatte sie Arbeit und war zu einer Art Vorarbeiterin aufgestiegen, die wegen ihrer Antreiberei bei den anderen Frauen gefürchtet war.
Die Geburt der unehelichen Norma verhinderte einen weiteren Aufstieg, und um überhaupt die Stellung halten zu können, gab Gladys Baker das kleine Mädchen zu Nachbarn ihrer Mutter in

*Die Schulzeit ist vorbei, während der Norma Jean (links) oft Ähnlichkeit mit Mary Pickford, einer berühmten Stummfilmschauspielerin (rechts), nachgesagt wurde. Noch ohne blondierte Dauerwelle hat sie doch schon das ‹gewisse Etwas›.*

**1926–33**
Kindheit bei Pflegeeltern in Hawthorne/ Kalifornien

Hawthorne, die gegen Bezahlung Norma Jean mitversorgten. Ab und zu nahm auch die Oma das Baby zu sich herüber, und am Wochenende kam Gladys Baker mit dem Bus von Hollywood herausgefahren. Für sie war das eine ziemliche Qual, das Wochenende bei ihrer etwas hysterischen Mutter oder den frommen Nachbarn zu verbringen. Da sie diese Mühen wegen des Kindes auf sich nahm, wurde Norma Jean schon sehr früh mit Gefühlen belastet, die sie eigentlich nicht zu verantworten hatte. Sie störte.
Dennoch kam ihre Mutter immer häufiger nach Hawthorne, denn die Oma machte dauernd Schwierigkeiten. Sie fing Streit an mit Ida Bolender, die das Kind eigentlich gut versorgte, und angeblich soll sie auch versucht haben, Norma Jean umzubringen. Nach einem

weiteren Zwischenfall wurde die Großmutter von der Polizei abgeholt und starb kurz darauf in der Nervenheilanstalt an einer Herzschwäche.
Ohne Vater geboren, hatte Norma Jean ihre Mutter an die Filmindustrie verloren und die Oma an den lieben Gott. Die Bolenders versuchten hartnäckig, ihr diesen einzureden und vorzuführen. Im Wohnzimmer hing Christus als Vierfarbendruck, hinter dem Haus druckte Herr Bolender in seiner Werkstatt kleine religiöse Papiere, und am Sonntag schleppten sie Norma Jean mit in die Kirche. Die Zeit mit diesen armen, anständigen und fleißigen Leuten muß Norma Jean jenes Stück Durchschnittlichkeit mitgegeben haben, das sie später als ruhenden Anteil in sich gut gebrauchen konnte. Eltern aber, Vater und Mutter, waren die Bolenders nicht für sie, ein Zuhause hatte sie hier nicht.
Die Pflegemutter mochte Norma, aber mit ihrem «Bruder», dem Pflegekind Lester, gab es immer wieder Streit. Körperlich war sie ihm überlegen. Doch Lester wehrte sich mit Krankheiten, mit denen er Ida Bolenders Fürsorge auf sich zog. Außerdem durfte er Mama und Papa sagen und wurde auch formell adoptiert. Norma Jean als die scheinbar Robustere blieb draußen vor. Sie mußte also durch besondere Leistung auf sich hinweisen, Ehrgeiz und Gefallsucht waren geweckt. In den stillen Straßen von Hawthorne schmetterte Norma Jean das erste Lied, das sie im Kindergarten gelernt hatte: «Jesus liebt mich, das weiß ich genau!»
Bald darauf – Norma Jean war ungefähr drei Jahre alt – wurde ihre Mutter von ähnlichen Wahnvorstellungen befallen, wie das Kind sie schon bei der Oma erlebt hatte. Gladys Baker kam mit einer Sonnenbrille im Gesicht zu Besuch, ein blaues Auge sprach für erste Zusammenstöße. Gerade war sie zur Cutterin bei Columbia aufgestiegen, durfte also richtig nach Drehbuch schneiden, da ging es wieder bergab. Als Norma Jean auch noch Keuchhusten bekam, nahm die Mutter sich Urlaub und blieb drei Wochen bei ihrem Kind. Die längste Zeit, die sie bis dahin zusammen verbracht hatten.
Daß Gladys Baker ihren Job noch hatte und sogar ausbauen konnte, war eigentlich ein Wunder. Sie muß gut gewesen sein, denn die

Wirtschaftskrise des amerikanischen Ostens war längst nach Kalifornien herübergekommen und mit ihr Heere von Arbeitslosen, die in ihrem Elend das milde Klima des Westens suchten. Der berühmte «Schwarze Freitag» im Oktober 1929 trieb die Zahl der Arbeitslosen in die Millionen und führte schließlich zum Zusammenbruch des internationalen Zahlungsverkehrs. Die Weltwirtschaftskrise war da.

Die kleine Norma Jean spielte damals viel mit einem zugelaufenen Hund und jagte auf Rollschuhen mit ihm durch die Straßen der Nachbarschaft. Im Frühling 1932 passierte etwas Schreckliches, und für Amerika und besonders für kalifornische Kleinstädte war das etwas sehr Normales: Ein Nachbar erschoß den Hund. Einen Grund, den Norma Jean hätte verstehen können, gab es dafür nicht, sie hätte in ihrer Verzweiflung auch keinen noch so verständlichen einsehen können. Es heißt, das Tier sei eine Hündin gewesen und habe sich, als es läufig war, auf Nachbars Rasen gewälzt. Für den Mann mit dem Gewehr war der Geruch dieser Hündin wohl Schmutz in seinem Garten, und so lauerte er dem Tier auf wie einst seine Vorfahren den Indianern.

**1933**
Umzug zur Mutter nach Hollywood

1933 endete Norma Jeans Gastrolle bei den frommen Bolenders, und sie kam nach Hollywood. Ihre Mutter hatte viel gewagt und einen Bungalow angezahlt. Um ihn zu finanzieren, vermietete sie das ziemlich große Haus an eine englische Familie und behielt selbst nur zwei kleine Zimmer. Kam Norma Jean endlich nach Hause?

Sie mochte die Engländer, aber sie war zugleich verwirrt. Diese Leute lachten und rauchten, und ab und zu tranken sie auch eine Flasche Wein. Das war neu. Norma Jean fand es zwar sündhaft, gemessen an dem, was die Familie Bolender sie gelehrt hatte. Sie fand es aber auch herrlich, weil ihr die Leute echt und lebensfroh erschienen. Vater, Mutter und Tochter zogen tagsüber als Statisten durch die Studios von Hollywood und schnatterten am Abend über ihre Erlebnisse.

Gladys Baker dagegen wurde wieder depressiv, ihre Krankheit drängte stärker an die Oberfläche, je länger sie versuchte, ruhig zu leben, Höhen und Tiefen zu vermeiden. Eines Tages war es soweit.

JESSE L. LASKY
PRESENTS
LLACE REI
IN
OUBLE SPEED

*Drei Große in Hollywoods Kinderschuhen, 1928: Chaplin (oben links), der mit ‹Moderne Zeiten› Abschied vom Stummfilm nahm, Joan Crawford (oben rechts), die für ihre Darstellung von Karrierefrauen berühmt, und Mickey Mouse (unten), der zum Markenzeichen für Trickfilme überhaupt wurde. Wallace Reid (linke Seite) begründete mit dem Film ‹Double Speed› Hollywoods Autoraserei.*

PIETY

CONCENTRATION

HILARITY

COQUETRY

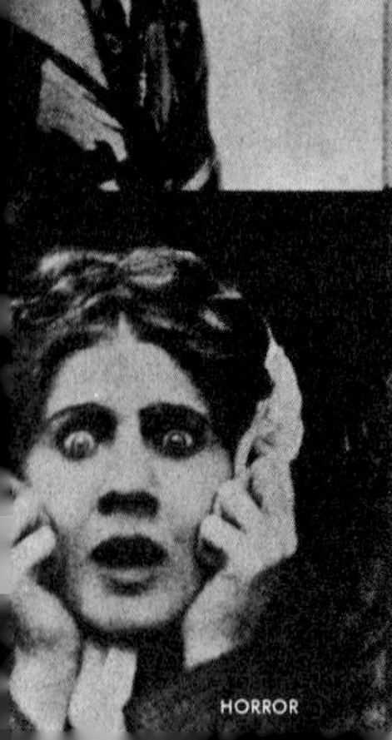

HORROR

MIRTH

DETERMINATION

SADNESS

*Mary Pickford: Vorbild für Norma Jean – Ausnahmeerscheinung in Hollywoods männerbeherrschter Welt der Filmproduzenten. Sie ließ sich nicht zur Kunstfigur stilisieren, sondern setzte sich gerade aufgrund ihrer Natürlichkeit durch.*

◂ *Begründete das «Star-System» in Hollywood: Florence Lawrence. Als sie 1909 ihre erste Rolle bekam, war sie noch das «Biograph-Girl» – benannt nach der Produktions-Firma. Später setzte sie als erste durch, daß ihr eigener Name bekannt und so zu einem Marktwert wurde.*

*Sternenhimmel über Hollywood: 1919 gründeten vier Stars eine Filmgesellschaft, um die Profite aus ihren Filmen besser kontrollieren zu können: Douglas Fairbanks, Mary Pickford, Charles Chaplin und der Regisseur D. W. Griffith (von links). Sie produzierten fortan Filme nach eigenen Ideen und kamen mit einem Bruchteil des Verwaltungsapparates aus, den die anderen Studios in Hollywood inzwischen brauchten. Die Filmgesellschaft hieß United Artists.*

*Frauen gehören vor die Linse, sie müssen schön sein, sich bewegen können. Mit dem Entstehen der Fotografie und des Films geht ein Aufleben voyeuristischer Tendenzen einher. Es kommt zu idealisierten und überbetonten Darstellungen, die mit ihrer massenhaften Verbreitung dafür sorgen, daß ganze Stilrichtungen, aber auch Geschmacksvorurteile geprägt werden. Das Aufblicken zum Star und das Gefühl, selbst nie so werden zu können, versetzt Generationen von Frauen in Unruhe. In den dreißiger Jahren wurde Hollywoods Frauenbild beherrscht von Gloria Swanson (links) und Greta Garbo (rechts).*

Norma Jean war in der Schule, als ihre Mutter einen neuen und schlimmen Anfall bekam, der selbst die gleichmütigen Engländer ratlos machte. Sie riefen einen Krankenwagen, und festgeschnallt auf einer Bahre verließ Gladys Baker nach nur drei Monaten ihr neues Haus. Wieder hatten sich Norma Jeans Hoffnungen auf Geborgenheit zerschlagen.

Die englische Familie kümmerte sich zwar weiter um Norma Jean, fing aber zugleich an, Möbel aus dem Haus zu verkaufen. Auch ein weißes Klavier, das eigentlich für sie gedacht war, sah Norma Jean auf einem Lastwagen verschwinden. Angeblich hat sie es später von ihrer ersten Gage irgendwo zurückgekauft. Als die Engländer ihre Jobs verloren, weil eben auch Hollywood nicht von der Wirtschaftskrise verschont blieb, beschlossen sie, nach England zurückzugehen. Norma Jean aber kam ins Waisenhaus.

**1933–36**
Im Waisenhaus

Über ihr Leben dort hat sie später die wildesten Gerüchte verbreitet, und wahrscheinlich mußte sie niemals hundert Teller, Tassen, Messer, Gabeln und Löffel abwaschen, den Fußboden scheuern und Toiletten putzen. Das Waisenhaus war eins der besseren in Kalifornien, es gab einundzwanzig Angestellte, und kleinere Arbeiten im Haus sollten wohl ein erzieherisches Mittel sein. Entsprechend bekamen die Kinder kleinere Beträge Taschengeld. Aber die Regeln, nach denen diese Waisenhäuser geführt werden, bestimmen sich nicht nach dem Glück der Kinder. War eine Erzieherin nervös, gab es Ungerechtigkeiten, war sie müde, fehlte Zuwendung. Zwischen den Kindern entwickelte sich schnell eine Hackordnung nach den besseren Möglichkeiten, sich durchzusetzen.

Norma Jean baute während der zwei Jahre im Waisenhaus ihre Fähigkeit aus, die Blicke der Einflußreichen auf sich zu ziehen. Marilyn Monroe hat später erzählt, die Heimmutter im Waisenhaus sei der erste Mensch gewesen, der sie registriert, beachtet und ein bißchen geliebt habe. Nach den Akten des Hauses und nach dem, was die Heimmutter verschiedenen Journalisten erzählt hat, war Norma Jean durchaus kein auffälliges Kind. Zeugnisse, Schlaf, Appetit und Betragen wurden als gut angesehen – offenbar waren das die Grundmuster zur Beurteilung eines Waisenkindes. Besuch

bekam sie nur von einer «Tante», die auch die Vormundschaft für sie übernommen hatte: Grace McKee. Sie war eine Freundin der Mutter und arbeitete zeitweise bei Columbia im Archiv.
Unter den verschiedenen Aktivitäten, zu denen die Kinder im Waisenhaus ermuntert wurden, war auch eine Theatergruppe. Anscheinend hat Norma Jean jedoch nie mitgespielt. Ihr erster Kontakt mit der Zunft der Darsteller in dieser Zeit kam bei einer Weihnachtsfeier zustande. Eine Filmgesellschaft hatte die Kinder ins Studio eingeladen, wo Schauspieler und Schauspielerinnen sie mit Eis, Kuchen und Obstsaft fütterten. Dazu gab es den ersten langen Trickfilm von Walt Disney, nämlich ‹*Schneewittchen und die sieben Zwerge*›. Dieser Film war etwas ganz Neues, selbst in Hollywood. Zum erstenmal dienten Trickfiguren nicht nur zur Belustigung der Leute, die immer pünktlich ins Kino kamen, sondern zur Gestaltung einer abendfüllenden Spielhandlung. Die Herstellung dieses Films war viel teurer, als es sich Walt Disney hätte träumen lassen, und so brachten ihn die Gesamtkosten von 1,5 Millionen Dollar an den Rand des Ruins. Heute wissen wir, daß ‹*Schneewittchen*› zu seinen größten Erfolgen zählt und weit über 25 Millionen Dollar eingespielt hat. Vielleicht war die Weihnachtsvorstellung bei den Waisenkindern eine Art Test für den Film, dessen furchterregende Sequenzen mit der Hexe ja für viele an der Grenze des Erträglichen liegen. Norma Jean erschreckte dieses Märchen nicht.

## Ausstrahlung

In dieser Zeit heiratete ihre «Tante» Grace einen Mann, der viel jünger war als sie selbst und drei Kinder mit in die Ehe brachte. Erwin Goddard trank. Er war Ingenieur und meinte, eigentlich ein großer Erfinder werden zu müssen. Vielleicht war es aber doch dieser familiäre Rahmen, der «Tante» Grace ermutigte, ein altes Versprechen einzulösen: Sie holte Norma Jean aus dem Waisenhaus zu sich. Norma war inzwischen elf und schlug sich so an der unteren Grenze in der Schule durch.

**1937**

Umzug zu Tante Grace

Eine sehr aufregende Zeit begann, und der optimistische Zug daran stimmte mit einem Lebensgefühl überein, das sich überall in den USA breitmachte. Mit der Politik des «New Deal» versuchte Franklin D. Roosevelt das Gespenst der Weltwirtschaftskrise zu verscheuchen, und trotz einigen Widerstands von Konservativen, die vor das Bundesgericht zogen, war der neue Präsident so erfolgreich, vor allem aber so beliebt, daß er 1936 nur in zwei Staaten seinem Gegner Landon unterlag. In den erzkonservativen Neuengland-Staaten Maine und Vermont wollte man nichts wissen von der Aufwertung der Arbeiterklasse durch die Anerkennung der Gewerkschaften, der Einführung der Sozialversicherung und der Verbesserung der Arbeitsbedingungen auf dem Land. Das waren zwar keine revolutionären Schritte gegen das Kapital, aber doch Eingriffe zur Lenkung des wirtschaftlichen Lebens auf mehr Nutzen für die Allgemeinheit hin. Neben den Kaufleuten und den Farmern waren die Arbeiter als dritte Kraft anerkannt.

Damit war aber die Erinnerung an den «Schwarzen Freitag» nicht gleich ausgelöscht, und so ist es kein Wunder, daß Unsicherheit und mangelndes Vertrauen in die Zukunft sich als Nährboden für religiöse Sekten eigneten. Die Zeugen Jehovas gewannen neue Anhänger und vor allem die Kirche der Christian Science. Von ihr wurde auch Norma Jean angezogen. «Bekehrt» wurde sie von Ana Lower, die eine echte Tante ihres Vormunds Grace war. Tante Ana traf dabei nicht auf allzuviel Ablehnung. Norma Jean mochte sie nämlich sehr und lernte bei ihr ein Gefühl kennen, das ganz entscheidend war für ihre Art, die Dinge des Lebens anzugehen. Es war das Gefühl, alles haben zu können, wenn man es nur stark genug begehrt. Nicht das Können, sondern das Wollen bestimmte danach den Erfolg, vielleicht ein Schlüssel zum Geheimnis dieses anhaltenden Strebens nach Glück, das Marilyn Monroe bis zuletzt gegen alle Einbrüche und Verluste gesetzt hat.

Gleichzeitig mit dieser religiösen Ergriffenheit stellte sich in Norma Jean eine Veränderung ein, die teils dazu paßte, teils aber auch ganz entgegengesetzte Kräfte ins Spiel brachte: Die Pubertät begann, und sie begann offenbar an allen Fronten zugleich und mit Macht.

*Fohlen auf der Weide: In Jeans und lässig verknoteter Bluse sieht Norma Jean aus wie Freiheit und Abenteuer. In Wirklichkeit ist sie nicht so wild*

Norma Jean war knapp dreizehn.
Nachdem ihre erste Menstruation sehr schmerzhaft gewesen war und sie zu ihren körperlichen Veränderungen eher ablehnend und verwirrt stand, erlebte sie nun zum erstenmal Zustimmung von außen. Ein Zufall zwang sie eines Morgens, im viel zu engen Pullover ihrer «Schwester» – einer Tochter von Herrn Goddard – zur Schule zu gehen, und die Jungen in ihrer Klasse haben natürlich geguckt, als habe sie zwei Köpfe. «Die hatte ich ja irgendwie auch», erzählte sie später, «nämlich unter diesem engen Pullover.» Von diesem Tag an schwirrten die Verehrer um sie herum, sie hatte plötzlich den Kontakt, den sie immer vermißt hatte. Sex war für sie nicht im Spiel, sie wußte zu wenig davon, und auch die jungen Männer hatten nur dieses unbestimmte Herzklopfen und in den Augen ein großes Fragezeichen. Hatte Norma Jean bisher gedacht, als Waisenkind etwas auffallend Schlechtes im Kreis der behüteten Schulfreunde zu sein, so erlebte sie sich nun mit ihren entwickelten Brüsten als etwas auffallend Gutes.
Das galt allerdings nicht bei den anderen Mädchen. In deren Augen war sie ein Flittchen, das angeblich nachts am Strand mit jedem schlief. Sie waren neidisch. Die einen auf den Schuß, der durch Norma Jeans Körper gegangen war und auf den sie selbst mit fragenden Blicken an sich herunter warteten, die anderen, auch ältere, auf die lockere Art, in der Norma Jean mit der neuen Situation fertig wurde. Selbst wenn sie nämlich unsicher war über die Ursachen der Bewunderung, so ging sie doch schnurstracks auf ihre Verehrer zu und holte sich die Komplimente ab. Sie begann sich zu schminken, und wahrscheinlich sorgte sie, wie später immer wieder, auch selbst ein bißchen für den Klatsch, den sie dann um so entrüsteter von sich weisen konnte. Eine Sirene am Strand von Kalifornien, die sich im Badeanzug wie nackt vorkam und ganz enttäuscht war über die Feststellung, daß alle Mädchen am Meer Badeanzüge trugen und nicht nur sie.
Wenn hormonelle Veränderungen mit solchen durch Drogen vergleichbar sind, dann wirkte die Pubertät hier vielleicht wie anderswo LSD. Norma Jean stand da auf kleinen Füßen eines vermeintli-

chen Waisenkindes, und neben ihr stand eine Lolita, die den ganzen Badebetrieb zum Erliegen brachte, wenn sie nur am Strand erschien. Eine Gabe kam zum Vorschein, die weder durch Geld noch durch Bildung oder Schönheit allein zu erwerben und die das Gold der Armen ist: Ausstrahlung. Dieses Wort, so feierlich und so vieldeutig es klingen mag, muß herhalten für alles, was den Vorsprung, den wesentlichen Unterschied ausmacht, der von nun an Norma Jean gehörte. Niemand hat je behauptet, sie sei seine interessanteste Gesprächspartnerin gewesen, niemand zitiert sie für sein schönstes Liebeserlebnis, niemand hielt sie für die beste Schauspielerin ihrer Zeit, und nicht einmal die schönste Frau der Welt ist sie jemals genannt worden. Aber sie hatte Ausstrahlung.

## Norma Jean Dougherty

Norma Jean fing an, aus der Rolle zu fallen, sie häutete sich zu einem Backfisch, den weder Tante Grace noch Tante Ana länger halten konnten. Die beiden kamen auf eine Idee, die aus ihrer Sicht einleuchtend klingt. Grace Goddard wollte mit ihrem Mann umziehen nach Westvirginia, so daß Norma Jean zurück ins Waisenhaus hätte gehen müssen. Und Ana Lower traute sich nicht zu, dem Mädchen zu geben, was es in dieser Zeit aufkeimender Unruhe brauchte. Sie war dafür, diese Energien in geordnete Bahnen zu lenken. Im Klartext hieß das: Norma Jean sollte heiraten.
Und wie man es sonst nur in Fürstenmärchen liest, hielten die beiden Frauen Kriegsrat, wer denn der Richtige sei. Andere Berichte behaupten, Norma Jean sei sowieso verliebt gewesen und habe ihre Tante um Hilfe gebeten, obwohl man sich nicht recht vorstellen kann, wie das Mädchen unter all den neuen, verwirrenden und bestätigenden Erlebnissen ausgerechnet nach einer Form gestrebt haben soll, die sie gar nicht so recht kannte. Eine Ehe war doch für sie bis dahin ein Status, in dem sich manche ihrer Pflegeeltern zeitweise aufhielten, nichts von ihr persönlich Erfaßtes oder gar Ersehntes. Nein, sie *wurde* verheiratet.

Jim Dougherty war vier Jahre älter als Norma Jean und arbeitete bereits bei den Lockheed-Werken, einem Flugzeug- und Waffenkonzern. Er verdiente ganz gut und galt als Schwarm der Mädchen. Sein blauer Ford spielte dabei eine wichtige Rolle. Jim war sportlich und schlank, und daß er es in der Schule nicht so sehr weit gebracht hatte, war schon vergessen. In einem Gespräch mit Jims Mutter, die Grace aus der Nachbarschaft kannte, machten die «Tanten» Ana und Grace alles klar. Vielleicht blickte Mrs. Dougherty als Witwe eines Arbeiters zu Grace auf, weil Filmbibliothekarin etwas Besseres war und schließlich zur Traumfabrik Hollywood gehörte. Vielleicht konnte Ana die Bedenken zerstreuen, die Mrs. Dougherty bei dem Gedanken kamen, daß Norma Jean noch keine sechzehn war. Ana spielte Lippenstift und Schminke herunter zu einer vorübergehenden Laune eines anständigen, reifen Mädchens. Vielleicht gab es auch wirklich eine Romanze zwischen Norma Jean und Jim, die von den Tanten nur aufs eheliche Gleis abgeschoben wurde. Tatsächlich fand nach kurzer Verlobungszeit die Hochzeit statt, und seit dem 19. Juni 1942 gab es eine legitime Mrs. Norma Jean Dougherty. Die Ehe hielt vier Jahre.

**19. Juni 1942**
Hochzeit mit Jim Dougherty

Norma Jean stürzte sich dankbar in ihre Identität als Ehefrau. Sie stellte bald fest, daß dieser Familienstand für sie einen ganz wesentlichen Fortschritt bedeutete, zumindest in ihrer Vorstellung davon, wie andere sie beurteilten. Das vermeintlich verachtete Leben als Waisenkind, als Störfaktor ohne richtige Zuordnung, war vorbei. Mit dem Attribut «Ehefrau» war ihre Existenz legalisiert, war auf dem Papier und im Mund ihrer Mitmenschen der Nachname irgendeines Vaters, der nicht ihr richtiger Vater war, abgelöst von einem Namen, der keinen Zweifel daran ließ, zu wem sie gehörte: zu ihrem Mann.

Sie kochte leidlich, aber regelmäßig, und die Vorgeschichte, daß sie beide eigentlich bei ihren Freunden als die attraktivsten und lebendigsten Teenager galten, diese Vorgeschichte verschwand ganz schnell aus ihrem Alltag. Sie absolvierten die typischen Aufsteiger-Umzüge von einem Stadtteil hinauf in den nächsten, und nur gelegentlich flackerte in Norma Jean und vor Jim Dougherty die rote

*Die Blumen verwelken, und der Schleier kann es nicht verbergen: Auch nach ihrer Hochzeit bleibt Norma Jean allein.*

Warnlampe auf, die anzeigen sollte: Achtung, so bin ich gar nicht, ich habe keineswegs alles ausgetobt, was mir seit der Pubertät prophezeit wird.

Die erste Gelegenheit ergab sich schon bei der Hochzeit. Statt in ihrem weißen Kleid mit gefalteten Händen am Tisch sitzen zu bleiben, sprang Norma Jean auf die Bühne und fing an, wie verrückt zu tanzen, so daß Jim ihr vorwarf, sie hätte sich zum Affen gemacht. Später konterte sie diesen Vorwurf mit der Klage, bei Jim sei sie wie in einem Zoo eingesperrt gewesen.

Seit dem 11. Dezember 1941 waren die USA im Krieg mit Deutschland und Italien, schon vorher hatten sie Waffen geliefert und den Vernichtungsschlag der Japaner auf Pearl Harbor hinnehmen müssen. Jim Dougherty wurde in ein Marine Camp auf Catalina

**1942**
Arbeit in der
Rüstungsindustrie

Island versetzt, stach bald darauf in See, und Norma Jean begann, in der Rüstungsindustrie zu arbeiten. Dort war sie wieder mit älteren Frauen zusammen und fühlte sich wohl. Ob es ihre Oma war, ihre Mutter, ihre «Tanten» oder die Leiterin des Waisenhauses – ihre ersten sechzehn Jahre hatte Norma Jean mit älteren Frauen zugebracht, und nun, da der sicher geglaubte Ehemann übers Meer in den Krieg fuhr, besann sie sich auf die Schutzfunktion dieser alten Damen. Sie war damit eine geschätzte Ausnahme, denn das Verhältnis der jungen Mädchen zur älteren Generation war schon damals angespannt bis zickig.
Kein Wunder also, daß eine leitende Kollegin an sie dachte, als es einen besonderen Auftrag zu erteilen gab. Ein Fotograf von der Armee sollte für die Illustrierte ‹*Yank*› einige Bilder in der Fabrik machen, und er suchte ein attraktives Mädchen, das er beim Zusammenfalten von Fallschirmen zeigen wollte. Zu der Empfehlung von oben kam noch hinzu, daß Norma Jean ihren Arbeitsanzug, einen engen Overall, tragen konnte wie andere Mädchen ihre Blue jeans in der Bar nebenan. Unter den neidischen Blicken und giftigen Kommentaren ihrer gleichaltrigen Kolleginnen wurde sie ausgewählt und war damit direkt unten vor der Leiter angekommen, die sie hinaufsteigen sollte – buchstäblich bis in den Himmel über Hollywood.

## Fotomodell mit Fallschirm

Die meisten Fallschirme, die Norma Jean bis dahin verpackt oder geprüft hatte, waren inzwischen aufgegangen, sei es über Sizilien oder über Frankreich. Die amerikanischen Verbände hatten die deutsche Wehrmacht im Westen entscheidend geschlagen, und der Krieg ging zu Ende. Amerika hatte dreihunderttausend Gefallene zu beklagen, fast eine Million waren verwundet oder vermißt.
Wer mit heilen Knochen nach Hause kam, hatte mindestens seinen Seelenfrieden verloren in den Schlachten um Europa. Zwei bis drei Jahre Trennung von den Familien hatten bei vielen ein völlig ver-

*Juni 1944: Die Amerikaner landen in der Normandie. Der Kampf gegen Hitler und den deutschen Faschismus beginnt. Während dieser Zeit zerbricht Marilyn Monroes erste Ehe. Auch die Allianz der USA mit der Sowjetunion beginnt zu bröckeln, und wenig später werden diese Soldaten wieder in den Krieg geschickt, dieses Mal gegen die Kommunisten. Auch dann wird Marilyns Schicksal wieder mit den Kämpfen amerikanischer Soldaten verknüpft sein.*

zerrtes Frauenbild entstehen lassen, im Männlichkeitswahn des Krieges war das weibliche Geschlecht seines Charmes, seiner behütenden und versorgenden Attribute beraubt worden, und übrig blieb die Sexualität, im besten Fall ihre Erotik. Für diese beschränkten Bedürfnisse produzierte die amerikanische Unterhaltungsindustrie Pin-up-Fotos, und da in den vierziger Jahren noch nicht alles gezeigt wurde, ließ man die Modelle am liebsten den Hintern herausstrecken. Diese Haltung sprach sowohl homosexuelle Sehnsüchte wie den Wunsch nach Unterwerfung der Frau an, ohne etwas zu zeigen, was die Zensur verbot.

**1943**
Erste Pin-up-Fotos

Vor diesem Hintergrund muß man die ersten Bilder sehen, die von Norma Jean gemacht wurden, und wieder hatte sie es ihrer schwer zu beschreibenden Ausstrahlung zu verdanken, daß es nicht lange dabei blieb. Der Armee-Fotograf David Conover flog für einen Auftrag nach Asien, hinterließ die Bilder, die er von Norma Jean gemacht hatte, diversen Zeitschriften, überwiegend solchen für Soldaten, und gab einige Abzüge seinem Freund Potter Hueth. Diese beiden Namen markieren den Anfang vom Ende der Norma Jean und liefern das Papier, auf dem später Marilyn Monroe steht. Potter Hueth gab ihr, ohne selber davon viel zu haben, einen entscheidenden Schub nach vorn, als er sie bei der ‹*Blue Book Model Agency*› empfahl.

**1945**
Kontakte zu Fotomodell-Agentur

Sie kündigte in der Fallschirmfabrik und verdiente nun als Fotomodell in der Stunde so viel wie früher an einem ganzen Tag. Ihr erstes großes Erfolgserlebnis hatte sie auf einer Industrieausstellung. Da ihre Agentur Modelle für verschiedene Zwecke vermittelte, kam sie als Hostess für eine Stahlfirma auf die Messe. Zum erstenmal reckten nicht nur Schuljungen oder Soldaten die Hälse nach ihr, sondern leitende Angestellte, die ihr seriös vorkamen, Männer aus einer fremden, aber allmählich ins Visier genommenen Schicht.

Auf diesen Höhenflug fiel ein Schatten. Jim hatte ihr vor seiner Abreise einen Hund geschenkt, und wir erinnern uns an ihre glückliche Zeit mit jenem anderen Hund, der dann vom Nachbarn abgeknallt worden war. Nun, im Aufschwung ihrer Karriere, in der Hektik erster Termine und im Glanz ihres Spiegelbildes begann sie,

*Vorher – nachher: Aus Norma Jean wird ein Fotomodell, ein Sex-Objekt. Die blonde Dauerwelle ist nur der Anfang.*

ihren Hund zu vernachlässigen, und je schwächer er wurde, desto mehr ging sie ihm aus dem Weg, bis er schließlich einging.

Bemerkenswert daran ist eins: Zum erstenmal offenbart sich an diesem Beispiel, wie Marilyn Monroe mit den Schwächen anderer umzugehen vermochte, wenn sie sich selbst stark fühlte. Und wie schnell sie, was ihr gerade noch das Liebste schien, verwerfen und dem Verfall überlassen konnte, wenn etwas vermeintlich Besseres auftauchte. Dieser Zug gibt ihrer Tierliebe, die in Berichten über sie sehr hochstilisiert ist, das rechte Maß zurück, und dieser Zug gibt auch den kommenden Urteilen über ihre Partner das richtige Maß. Ohne daß man ihr Schicksal und ihr Unglück bestreiten müßte, darf man Norma Jean von diesem Krepieren ihres Hundes an nachsagen, daß auch sie verstoßen hat, fallengelassen hat, verschuldet hat. Neben ihrer Rolle als Star und ihrem Image als Opfer der Gesellschaft stellt sie sich auch als Luder vor.

Als nächster bekam das Jim Dougherty zu spüren. Er kam aus dem Krieg nach Hause, Norma Jean war jetzt beinahe zwanzig, und die Ehe hätte ihren Weg in den Frieden nehmen können. Statt dessen ließ Norma Jean ihren Mann abblitzen, gestand ihm, daß sie die überwiesenen Soldanteile für Schminke und Kleider ausgegeben hatte, und fühlte sich, so stellt sich Norman Mailer das jedenfalls vor, bei Jims Berührungen im Bett an wie ein Stück Isoliermasse. Dougherty ging zurück zur Marine, und Norma Jean ließ sich scheiden.

**1945**
Trennung von Jim

Kaum besser erging es ihrer Mutter. Auch sie war plötzlich wieder aufgetaucht aus der Versenkung des Sanatoriums, und Norma Jean nahm sich mit ihr zusammen eine Wohnung. Nach sieben Monaten hatte Gladys Baker nur einen Wunsch: zurück ins Sanatorium. Norma Jean tobte mit einem Fotografen durch die Gegend und kam auch abends nicht nach Hause, weil bei Dinners mit Leuten aus der Branche schon der nächste Schritt lockte. Filmaufnahmen und eine neue Romanze standen bevor.

## Eine blonde Dauerwelle oder: Auf dem Weg zur Kunstfigur

Allerdings fiel ihr das nicht alles im Fluge zu. Norma Jean war für den Zauber bekannt, den sie verbreitete, aber auch für harte Arbeit. Ihre Agentin, Emmeline Snively, hatte eine Schule für Modelle aufgezogen, und Norma Jean gehörte bald zu den besten Schülerinnen. Sie brachte sich selbst ganz ein, fragte die Fotografen nach Fehlern, die sie gemacht haben könnte, und paßte sich immer schneller und genauer den Anweisungen der Fotografen an. Schon fragten andere Modelle bei Miß Snively an, was sie denn tun müßten, um so erfolgreich zu sein wie Norma Jean.
Das erste große Problem gab es an einer scheinbar ganz harmlosen Stelle: Norma Jean sollte sich die Haare färben lassen. Miß Snively versuchte ihr zu erklären, daß sie als Blondine besser einzusetzen wäre, während die dunkelbraunen Locken, die sie von Natur aus hatte, immer dunkel aussehen würden. Blond ließe sich je nach Beleuchtung in vielen Variationen zeigen.
Norma Jean hatte dazu absolut keine Lust. Sie hatte auch Angst davor, sich zu verändern, sich selbst womöglich fremd zu erleben. Ihr Widerstand wurde schließlich gebrochen durch ein Angebot, Werbefotos für Haarwaschmittel zu machen. Bedingung aber war dabei eine blonde Dauerwelle. Die Folgen dieser Behandlung waren bahnbrechend. Norma Jean sah sofort, daß das Bleichen ihrer Haare sie nicht blasser, sondern noch strahlender gemacht hatte, die Angst vor Identitätsverlust wurde überspült vom Gewinn an Flair.
Tatsächlich war aber der wesentliche Schritt in Richtung Kunstfigur getan. Als gebleichte Blondine brauchte sie plötzlich auch ein anderes Make-up, anderen Lippenstift, andere Kleider. Der ganze äußere Eindruck, der ja zugleich eine innere Haltung vorträgt, wurde geändert: Aus dem unbekümmerten Mädchen wurde ein Markenartikel. Schneider, Kosmetiker und Friseure modellierten ein Produkt, dem sich bald auch die Bewegungen und schließlich der Lebenswandel anpassen sollten. Etwas von alledem hat Norma Jean wohl doch gemerkt, denn sie betonte damals oft, daß diese

Umrüstung eben aus geschäftlichen Gründen notwendig war. Für sie persönlich blieb ein Riß in ihrem Wesen zurück.
Zwischen den Aufnahmen begann Norma Jean, anatomische Studien zu betrachten und Bewegungsabläufe zu lernen, sei es aus Büchern oder im praktischen Training. Körperhaltungen, die auf Magazinfotos wie in natürlicher Bewegung geschossen wirken, wurden im Studio als Pose gestellt und minutenlang eingehalten, und nur wer diese Akrobatik beherrschte, konnte Erfolg haben. Norma Jean erschien damals zeitweise auf fünf Herrenmagazinen zugleich, und zwar vorne auf dem Titelblatt. Ein Fotograf behauptete sogar, das Studium des Knochenbaus und der Bewegungen erlaubte Norma Jean, ihre erotische Ausstrahlung auf Bestellung ein- und auszuschalten.
Einer der Fotografen, die regelmäßig Modelle bei Miß Snively anforderten, war der Ungar André de Dienes. Auf der Flucht vor den deutschen Faschisten war er emigriert und schlug sich nun als Modefotograf durch, obwohl er sich eigentlich für einen Künstler hielt. Er knipste die Mädchen gelangweilt und weil er eben Geld brauchte. Einige holte er angeblich nur ab, um sie zu verführen. Das gehörte wohl in den Augen junger Amerikannerinnen zum Wesen eines Ungarn. André wußte also nicht genau, was ihn erwartete und wie der Termin enden würde, als er Norma Jean traf. Seine Cowboy-Träume von nackten Mädchen in der Wildnis konnte er mit ihr nicht so leicht erfüllen. Norma Jean zierte sich und dachte keineswegs mehr, für ihre Karriere müßte sie alles tun. So kam es vorerst nur zu Aufnahmen im Badeanzug, denn Kleider hatte Norma Jean nun auch wieder nicht mitgebracht zu ihrem ersten gemeinsamen Termin.
André hatte Feuer gefangen, wahrscheinlich gerade wegen des Zögerns und der Verweigerung, die er von anderen Modellen nicht gewohnt war. Nach längerem Werben und Norma Jeans Einsicht, daß dieser Herr vielleicht wirklich mehr mit ihr machen könne als Fotos, gingen die beiden auf eine Reise. Hauptsächlich sollte fotografiert werden, und das geschah auch. Mit zunehmender Vertrautheit untereinander und Entfernung zur gewohnten Umgebung aber

wurden die Nebensachen wichtiger. Nachdem sie kreuz und quer von Los Angeles nach Oregon, von der Mojave-Wüste durchs Yosemite-Tal und dann wieder zu den riesigen Redwood-Bäumen bei San Francisco gefahren waren, brachte ein Schneesturm sie schließlich unter eine Decke, denn in der kleinen Hütte ihrer Zuflucht waren keine zwei. Norma Jean war jetzt fast zwanzig und hatte den ersten Liebhaber aus der Branche. Die anschließende Verlobung war wenig wert. Sie paßte nicht zu dieser Beziehung, und als André von einem Job in New York nach Los Angeles zurückkam, ging Norma Jean mit anderen aus.

**1946**
Verlobung mit Fotograf André de Dienes

Bald hieß es, auch sie setzte ihren Körper und ihre Gefühle für ihre Karriere ein, und eines ist unbestritten: Sie machte Karriere. Der Zufall spielte dabei nicht die Rolle, die ihm zugeschrieben wird.

## Ein Vertrag für Marilyn Monroe, vormals Norma Jean

Alle Illustrierten waren damals voll von geheimnisvollen oder rührenden Stories über Howard Hughes, einen der reichsten Männer der Welt. Er hatte einen Flugzeugabsturz überlebt und lenkte sich im Krankenhaus von seinen zerschmetterten Knochen ab, indem er Herrenmagazine und Illustrierte mit gierigen Blicken verzehrte. Womöglich traf sein Blick dabei tatsächlich auf Norma Jean oder auf das, was von ihr in diesen Blättern zu sehen war. Was Emmeline Snively daraus machte, ist dagegen unwahrscheinlich und von ihr erfunden. Sie versuchte Norma Jean ins Rampenlicht zu bringen wie ein Trainer seinen besten Boxer, und sie schaffte es auch:
Unter einem Foto in der Illustrierten ‹*Laff*› konnte man nämlich lesen, Howard Hughes interessiere sich für Norma Jean, und bei ihrem Anblick gehe es ihm jeden Tag besser. Eine herrliche Idee, der gleich das nächste Gerücht nachgeschoben wurde: Angeblich wollte Hughes von seiner Filmfirma RKO-Radio Pictures, bei der Norma Jeans Mutter früher im Labor war, Probeaufnahmen haben. Probeaufnahmen von Norma Jean!
Die clevere Miß Snively ging mit dieser Behauptung und dem Foto

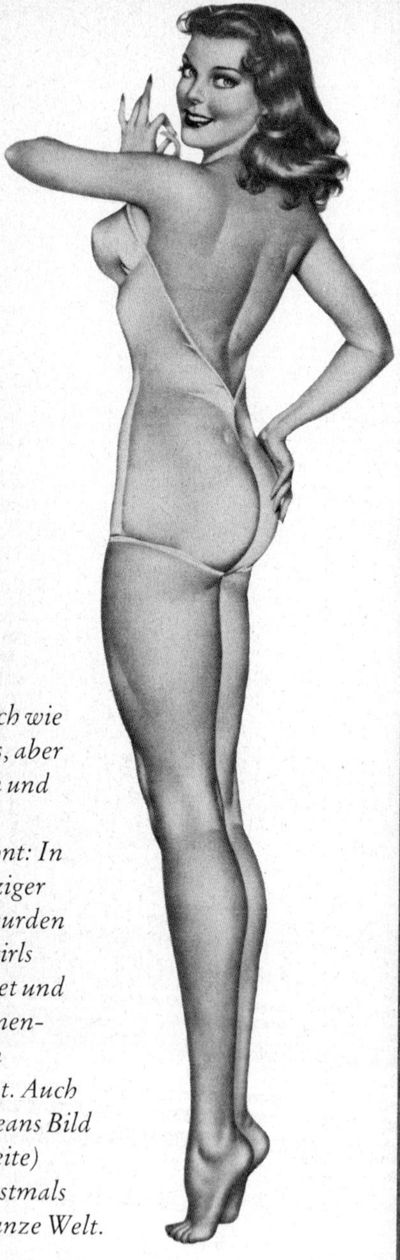

*Realistisch wie auf Fotos, aber an Busen und Hintern überbetont: In den vierziger Jahren wurden Pin-up-girls gezeichnet und in Millionen-Auflagen verbreitet. Auch Norma Jeans Bild (rechte Seite) ging so erstmals um die ganze Welt.*

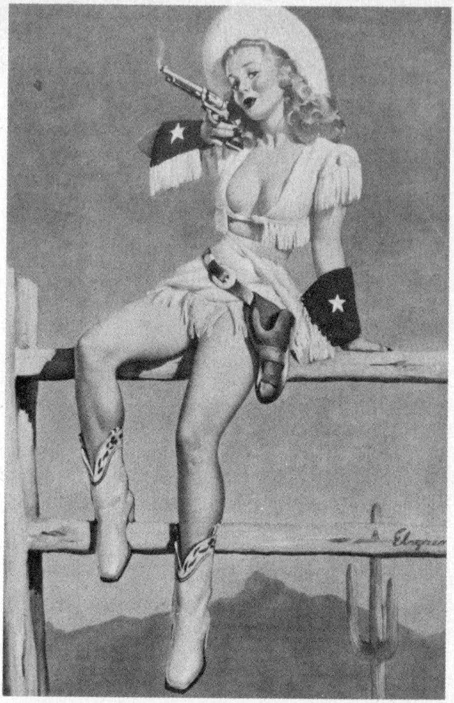

BUS
STOP

aus ‹*Laff*› zu Helen Ainsworth, verantwortlich für «representation» von Schauspielern, eine versierte Agentin am Sunset Boulevard, jenem Mittelpunkt von Hollywood, wo man immer jeden traf. Und Helen Ainsworth dachte nicht daran, auf die Chance bei Milliardär Hughes zu warten. Für sie war Zeit Geld, und so machte sie eine andere Firma heiß auf ihre Neuerwerbung: Die 20th Century Fox mit ihrem übermächtigen Chef Darryl Zanuck.
Sie rief Ben Lyon an, der früher selbst erfolgreich in mehreren Filmen gespielt hatte und nun als Talentsucher bei Zanuck untergekommen war. Die Atmosphäre muß der in einem unterbelichteten Spielcasino geglichen haben. Jeder dieser Leute hing im Mittelmaß herum, schlug sich so durch und träumte vom großen Fisch ausgerechnet an seiner Angel. Die meisten fanden ihren Job widerlich und lebten innerlich nur von dem berühmten «Ja, aber . . .». Unter diesem Druck und voller Sehnsucht, vielleicht doch endlich den großen Fang zu machen, riskierte Ben Lyon eine Menge.

**1947**
Probeaufnahmen beim Film

Nachdem Helen Ainsworth ihm genug mit Howard Hughes gedroht hatte, zu dem sie ja gehen könne, wenn er sich nicht beeile, griff der Spieler zu. Morgens um halb sechs ließ er einen der besten Kameramänner jener Zeit ins Studio kommen, stellte Norma Jean in einem Kostüm der berühmten Betty Grable in die Kulisse eines Films, der bei Tagesanbruch weitergedreht werden sollte, und gab folgende Regieanweisung: Auf das Stichwort «action» sollte Norma Jean quer über die Szene gehen, sich eine Zigarette anzünden, sie ausdrücken, an ein Fenster gehen und hinausschauen, sich hinsetzen und wieder aufstehen, um langsam die Szene zu verlassen. Weil alles heimlich geschah, war kein Partner für Norma Jean bestellt, wie das sonst bei Probeaufnahmen üblich ist. Deshalb gab es keinen Dialog. Darryl Zanuck wußte noch nichts von seinem Glück, obwohl ohne seine Genehmigung kein Meter Film verdreht werden durfte.
Als sich der Kameramann am Nachmittag das entwickelte Filmmaterial ansah, kündigte sich schon an, was auf die Besichtigung des Streifens durch Darryl Zanuck prompt folgte: ein Vertrag für Norma Jean bei einer der größten Filmgesellschaften der Welt. In

Maurice Zolotows Buch über Marilyn Monroe ist festgehalten, was der erfahrene und eigentlich professionell abgebrühte Kameramann Shamroy zu den Aufnahmen sagte: «Es überlief mich kalt. Das Mädchen hatte etwas, was ich seit der Stummfilmzeit nicht mehr gesehen hatte. Sie hatte eine Art phantastischer Schönheit, ein wenig wie Gloria Swanson. Jede Bewegung strahlte Erotik aus. Sie brauchte nicht auszusprechen, was sie zu sagen hatte. Sie wirkte rein vom Visuellen her. Sie konnte durch das Bild Gefühle und Stimmungen vermitteln, und das müssen pictures – Bilder – tun. Moving pictures sind Bilder, die sich bewegen, und nicht einfach Leute, die miteinander reden.»

**26. August 1948**
Erster Vertrag mit 20th Century-Fox

Am 26. August 1948 wurde der Vertrag unterschrieben, nachdem Ben Lyon empfohlen hatte, den langen und wenig zugkräftigen Namen Norma Jean Dougherty durch einen Künstlernamen zu ersetzen. Von Lyon soll der Vorschlag für den Vornamen Marilyn stammen, weil er ein Verehrer des Musical-Stars Marilyn Miller gewesen sei, und Tante Grace, die immer noch der gesetzliche Vormund der zwanzigjährigen Norma Jean war, steuerte den Nachnamen bei. Sie empfahl den Mädchennamen der Mutter, also Monroe.

Damit endete zumindest auf dem Papier die Laufbahn des Kellerkindes Norma Jean, das eigentlich nie einen wirklich eigenen Nachnamen hatte. Aus dem Blickwinkel ihrer Kindheit und Jugendjahre war ein nie erhofftes Ziel erreicht: die Wolke Hollywood, von der so viele träumen. Ein Mädchen, das nie auf Männer bauen konnte, sondern von Anfang an unter arbeitenden Frauen groß wurde und auch selbst in Arbeit mehr Bestätigung gefunden hatte als in Beziehungen, war durch die Wolke gestoßen und mußte nun lernen, wie schwer es sich in der dünnen Luft da oben atmete.

*Marilyn ist glücklich: Mit zweiundzwanzig hat sie das düstere Leben der Norma Jean hinter sich und strahlt ihrer Karriere in Hollywood entgegen.*

# Marilyn

Als Marilyn Monroe kreiert und der Vertrag unterschrieben wurde, hatte die amerikanische Filmindustrie das Tief des Krieges bereits überwunden. Die Motion Pictures Export Association deckte den europäischen Markt mit den Filmen ein, die während des Krieges entstanden waren, und verschiedene Versuche von Filmemachern, unabhängige Firmen zu gründen, waren von den großen Banken abgewürgt worden, die mit den Studios in Hollywood liiert waren. Regisseure wie Orson Welles, Alfred Hitchcock oder Preston Sturges waren auf dem Höhepunkt ihres Schaffens. Sie setzten neue Akzente oder brillierten mit perfekter Produktion von Althergebrachtem. In der künstlerischen Blüte dieser Zeit entstand die berühmte «Schwarze Serie», Howard Hawks als Regisseur und Humphrey Bogart als Darsteller setzten sich durch.

*Kultfigur: Humphrey Bogart*

Schon einmal, nach dem Börsenkrach 1929, hatte es einen solchen produktiven Ruck durch das Filmschaffen in den USA gegeben, aber während damals noch die Überlegenheit des Individuums verkauft wurde, setzte sich in den vierziger Jahren die Absage an den «American Way of Life» durch. Kaputte Typen standen im Vordergrund. Regisseure, mit denen Marilyn Monroe später zusammenarbeitete, hatten großen Erfolg: John Huston mit *‹The Maltese Falcon›* (*‹Die Spur des Falken›*), Billy Wilder mit *‹Double Indemnity›* (*‹Frau ohne Gewissen›*) und *‹The Lost Weekend›* (*‹Das verlorene Wochenende›*).

## Dritte Blondine von links

Von ihrer eigenen Biographie her hätte Marilyn Monroe in diese Serie gepaßt, von ihrem Warenwert her wurde sie aber vorerst ganz

anders eingesetzt und eher unsystematisch aufgebaut. Für fünfundsiebzig Dollar pro Woche blieb sie zunächst eine Art Fotomodell, das bei tausend Gelegenheiten für die Filmgesellschaft posieren mußte. Auf Empfängen, auf Werbefotos, bei Premieren, Umzügen oder anderen Veranstaltungen, von denen es täglich einige gab in Hollywood. Sie machte das alles willfährig mit und besuchte dazu eine Nachwuchsschule.

Dort allerdings ging es ziemlich anspruchsvoll zu. Morris Carnovsky und Phoebe Brand lehrten nach den Ideen von Stanislawskij und gaben Marilyn mit ihrem besonderen Stil und ihrem speziellen Wortschatz das Gefühl, alte europäische Kultur kennenzulernen. Erst viel später lernte sie das, was ihr hier begegnete, wirklich verstehen, nämlich bei Lee Strasberg in New York. Jetzt aber war sie beeindruckt und froh darüber, ernst genommen zu werden.

In ihrem ersten Jahr bei Centfox wurde Marilyn bei zwei Filmen eingesetzt und aus einem davon wieder herausgeschnitten. Sie war wirklich die dritte Blondine von links, und es dauerte ein paar Jahre, bis sich das änderte. Eine Beobachtung, die vielleicht nur im nachhinein entstehen kann, tauchte aber schon auf. Sie hat sich später wiederholt: Auf einem Gruppenfoto von Vertragsschauspielerinnen, die alle ohne klaren Auftrag engagiert waren, fällt Marilyn sofort auf. Selbst auf einer Schwarzweiß-Reproduktion setzte sich wieder ihre Ausstrahlung durch, und jeder, den man nach der größten Hoffnung auf diesem Bild fragen würde, könnte nur auf sie tippen.

Ihre Lehrerin Phoebe Brand hatte dieses Gefühl allerdings nicht. Sie wußte nicht viel mit Marilyn anzufangen, konnte ihre Verschlossenheit nicht lösen und übersah das unkontrollierte komödiantische Talent, das Marilyn eben noch nicht gezielt einsetzen konnte. Die Schule des *Group Theatre* in New York, aus der Phoebe Brand kam, hatte etwas Asketisches, einen festen Jargon, und stand für fortschrittliche Politik. Elemente, die Marilyn nicht ablehnte, die ihr nur einfach unbekannt waren.

So blieb sie unberührt von der Hexenjagd, die verstärkt gegen Kommunisten und andere fortschrittlich denkende und sprechende

Künstler entfacht wurde. Der Untersuchungsausschuß für Unamerikanische Umtriebe hatte schon vor dem Eintritt der USA in den Krieg getagt, aber erst 1947 schlug er in Hollywood zu. Jetzt wurden die Personallisten der Studios nach linken Leuten durchsucht, und es genügte, ein Anhänger des New Deal zu sein oder eine Tante in Osteuropa zu haben. Wer dennoch seinen Job behalten wollte, mußte öffentlich Loyalitätsbekundungen abgeben und möglichst noch andere Kollegen verraten. Bekannt dafür wurden Ronald Reagan, der spätere Gouverneur von Kalifornien, Gary Cooper und der Produzent Jack Warner von Warner Brothers. Auch dem Regisseur Elia Kazan wurde nachgesagt, er hätte Freunde denunziert. Die Existenz einer Schwarzen Liste wurde von den Produzenten bestritten, in Wirklichkeit kam sie ihnen gelegen. Den wachsenden wirtschaftlichen Schwierigkeiten durch die Einführung des Fernsehens im selben Jahr konnten sie so mit Entlassungen begegnen. Umgekehrt ersparte ihnen dieser Engpaß die politische Begründung.
Bei Marilyn Monroe machte man nicht solche Umstände. Ihr Vertrag wurde nach einem Jahr einfach nicht verlängert. Man hatte wenig für sie getan und war auch nicht so recht auf der Suche nach einem neuen Star. Betty Grable, eine Darstellerin, die am populärsten in den Kriegsjahren und bei der Armee war, sollte noch ein bißchen weiter ausgequetscht werden. Man erlaubte ihr Starallüren und produzierte mittelmäßige Erfolge. Als Marilyn Monroe ihr später einmal vorgestellt wurde, entstand in Betty Grables Garderobe eine Atmosphäre von Wachablösung, und so war es dann auch.

## Der richtige Mann im richtigen Augenblick

Zunächst aber jobbte Marilyn wieder als Fotomodell und ging weiter zu Phoebe Brand in den Schauspielunterricht. Ihre schmalen Einnahmen trug sie in diese Schule. Sie zog in ein billiges Zimmer und schnorrte sich mit Einladungen vieler Herren durch die Restaurants von Los Angeles.

*Ist schon ein Filmstar, als Marilyn (rechts) sich noch für Fotos verrenken muß: Rita Hayworth (links). Die für Hollywood-Stars unentbehrliche Pose, das Erstarren in bestimmten Haltungen, ist Marilyns Stärke. Künstlichkeit wirkt bei ihr natürlich.*

Erst im März 1948 gelang es ihrer Agentin, den heimlich bei Centfox gedrehten Probefilm einem weiteren Talentsucher zu zeigen. Max Arnow von Columbia Pictures sorgte für einen Halbjahresvertrag bei wöchentlich 125 Dollar und schickte Marilyn in den Unterricht von Natasha Lytess, die bei Columbia angestellt war. In ihrem Studio hing ein großes Porträt von Max Reinhardt, dem berühmten Theaterleiter des Deutschen Theaters in Berlin, zu dessen Ensemble sie gehört hatte. Durch die Judenverfolgung kam sie zusammen mit ihrem Mann, dem Schriftsteller Bruno Frank, nach Hollywood. Sie blieb dort mit ihrer Tochter auch nach dem Krieg und wurde von jetzt an zu einer langjährigen Begleiterin für Marilyn Monroe.
Es gibt Stimmen, die den Einstieg bei Columbia nicht Marilyns Agentin zuschreiben, sondern ihrem Talent, mit den richtigen Leuten im richtigen Moment richtig umzugehen. In diesem Fall hieß der richtige Mann Joe Schenck, ein etwa siebzigjähriger Produzent, Mitbegründer der Centfox und bekannt für Abenteuer oder das, was er dafür hielt. Je älter er wurde, desto großzügiger sollen die Geschenke ausgefallen sein. Der Klatsch in Hollywood hatte jedenfalls an ihm und Marilyn seine Freude, und wie oft kommt Klatsch nicht auch von den Leuten, um die er sich dreht! Von Marilyn wissen wir das.
Sie selbst pflegte ihre Beziehung zu Schenck als platonisch, als rein freundschaftlich und ohne jeden Sex darzustellen. Im Rahmen dieser Freundschaft soll es dann auch zu jener Empfehlung gekommen sein, die der alte Schenck seinem Freund Harry Cohn bei Columbia gab und die zu Marilyns Vertrag bei dieser Firma führte.
Norman Mailer, der in seinem Buch über Marilyn Monroe ausführlich über das Gespann Monroe–Schenck spekuliert, schreibt auch die gute Behandlung mit Lehrerin, Gesangsstunden und viel Aufmerksamkeit einer Verabredung zwischen Cohn und Schenck zu, die vielleicht ein gemeinsames Geheimnis hüten mußten. Joe Schenck hatte immerhin gerade einige Monate Gefängnis wegen Meineides abgesessen, nachdem er einen Gewerkschaftsboß bestochen hatte und nur gegen – ja gegen wieviel Dollar für die Demokratische Partei? – von Präsident Truman begnadigt worden war.

*Jahrelang hängt Marilyns Blick wie gebannt an den Lippen von Natasha Lytess. Sie ist mehr als eine Lehrerin und begleitet Marilyn zu Dreharbeiten wie ein Trainer seine Mannschaft.*

*Erste Rolle beim Film: Marilyn (Mitte) in ‹Ladies of the Chorus›.*

Marilyn auf den Wogen von «Sex and Crime», den Grundnahrungsmitteln der Filmindustrie.

Ihre erste größere Rolle spielte sie in dem Film *‹Ladies of the Chorus›*: eine Varietétänzerin, die sich in einen reichen Jungen verliebt, und wäre sie nicht später die berühmte Marilyn Monroe geworden, niemand würde sich heute noch an diesen Film erinnern. Marilyn war zweiundzwanzig, als der Film herauskam, und in einer Kritik stand damals: «Einer der Lichtblicke ist der Gesang von Miß Monroe. Sie ist hübsch, hat eine schöne Stimme, und ihr angenehmer Stil gibt zu Hoffnungen Anlaß.» Marilyn hatte demnach einen kleinen Erfolg errungen, und zwar nicht mehr als Fotomodell, sondern als Darstellerin.

Sie verdankte diesen Erfolg zwei Helfern: Natasha Lytess, die ihr mit Engelsgeduld, aber auch in aller Schärfe klargemacht hatte, daß sie nicht immer nur piepsen dürfte, wenn Sprechen verlangt war. «Jedesmal, wenn Sie sprechen, geht Ihr Mund zu und nicht auf!» Mit diesen Worten soll die Lytess Marilyn so provoziert haben, daß sie sofort anfing, besser zu sprechen. Und Fred Karger, dem Musik-Regisseur bei Columbia, der die beiden Lieder mit ihr übte, die Marilyn in *‹Ladies of the Chorus›* singen mußte.

**1948**
Freundschaft mit Freddy Karger

Freddy Karger war Komponist, Kapellmeister und Bearbeiter von Musikstücken zugleich, und er war ein zartfühlender, umsichtiger Mann, der mit Marilyn besser umging als viele Profis, mit denen sie sonst zu tun hatte. Gefiel sie ihm? Karger war gerade geschieden und galt als sehr verletzlich und sehr vorsichtig im Umgang mit Frauen. Vielleicht war aber genau dieses Zaudern etwas sehr Ansprechendes für Marilyn. Sie ging immer lieber zu den Übungen mit ihm, und weil sie gerne arbeitete, wurde sie auch gut. Sicher hat sie Karger mit ihrem Wesen und ihrem Aussehen auch nachhaltig beeindruckt, und so ist es eigentlich keine Überraschung, daß er sie eines Tages besuchte, als sie wegen irgendeiner Krankheit nicht zur Stunde gekommen war. In einem Buch über sie steht dazu, sie sei einfach vor Hunger krank gewesen, weil sie ihre Gage für alte Schulden ausgegeben hatte. Freddy Karger lud sie zum Abendessen bei sich zu Hause ein.

Seit seiner Scheidung wohnte er wieder bei seiner Mutter Mary, die sich gleich als gute Köchin erwies und damit sicher sehnsuchtsvolle Erinnerungen an Marilyns Mutter für sich verbuchen konnte. Die Kargers vermittelten ein starkes Familiengefühl, zu dem auch Freddys sechs Jahre alter Sohn paßte. Mary war die Witwe eines alten Filmhasen und kannte sämtliche Stummfilmstars entweder persönlich oder aus intimstem Klatsch. Sie konnte wunderbar schwärmen von dieser Zeit, und wenn sich Marilyn in Freddy Karger verliebt hat, dann wohl auch wegen dieser Mutter, nach der sie sich sehnte.
Freddy selbst war sehr unsicher. Er war gebildet und hielt viel auf gepflegte Manieren. So mochte es ihm zwar eine Weile Spaß machen, Marilyn an diese Tugenden heranzuführen, mochte er ihr gern erlesene Restaurants mit ausgesuchten Blicken aufs Meer und teuren Tieren aus demselben zeigen. Zugleich aber konnte er seine Verachtung gegenüber ihrer einfachen Art nicht verbergen oder gar abbauen. Er schämte sich ihrer in der Öffentlichkeit und verletzte sie tief mit abschätzigen Bemerkungen. Zum Beispiel soll er ihr vorgehalten haben, wie schlimm es für seinen Sohn sei, bei einer Frau wie ihr aufwachsen zu müssen.
Damit waren ihre mit Mutter Mary heimlich geteilten Heiratspläne verflogen. Freddy Karger liebte sie wohl doch nicht so, wie sie es sich wünschte. Ob er es wegen seiner verkorksten ersten Ehe nicht konnte oder wegen des Bildungsgefälles, durfte für Marilyn keine Rolle spielen, denn auf beide Probleme hätte sie keinen bessernden Einfluß nehmen können. Sie war schon damals bekannt dafür, Lücken in ihrer Erziehung ganz offen zu zeigen. Sie versuchte nie, klüger oder gebildeter zu scheinen, als sie war, oder sich besser zu benehmen, als sie es gelernt hatte.
Marilyn Monroe widmet Freddy Karger ein ganzes Kapitel in ihrem Buch ‹*My Story*›, das vielleicht doch einige echte Erinnerungen von ihr enthält. Während ihrer Ehe, bekennt sie darin, sei sie morgens aufgewacht und habe gedacht, die ganze Welt spinne mit ihrem Sex-Fimmel. Sie konnte nichts Besonderes dabei finden. Nun plötzlich, mit dem sensiblen Freddy Karger, waren ihr die Sex-Spinner nicht verrückt genug, gemessen an dem, was sie zu erleben meinte.

Während sie früher gefürchtet habe, sie sei verklemmt, frigide oder lesbisch, fühlte sie sich endlich und ganz frei ihrer natürlichen Bestimmung zugeführt. Nur eine Wolke habe dieses Glück verdunkelt. Nach ausgiebiger Beschäftigung mit ihrer Liebe zu Freddy habe sie zu fragen begonnen, wie er sie denn fände. Und je länger Marilyn sich und ihn das fragte, desto klarer wurde die Antwort. Ihr Geist sei unterentwickelt, soll er ihr an den Kopf geworfen haben, im Vergleich zu ihren Brüsten geradezu embryonal.
Marilyn versuchte, sich zu lösen. Sie machte Freddy eine Szene nach der anderen und kam immer wieder zurück. Als sie es schließlich geschafft hatte und es ohne ihn ganz gut aushielt, waren nur die Rollen vertauscht. Freddy kam angekrochen, und sie ließ ihn abblitzen gemäß der alten Frage: Wer wen?

## Aktmodell für 50 Dollar

Auch Columbia hatte kein Interesse, den Vertrag mit Marilyn zu verlängern, und so saß sie plötzlich wieder ohne Arbeit und ohne ihren Geliebten da. Sie mußte wieder anfangen zu schnorren. Als eines Morgens ihr Auto von der Straße weg gepfändet wurde, weil sie die Raten nicht mehr bezahlen konnte, zog Marilyn ein Register, das sie sich für Notfälle aufgehoben hatte. Sie konnte zwar dem Kreditbearbeiter in ihrer Bank klarmachen, daß ein Filmsternchen ohne Auto noch weniger zu Geld kommt, aber er verlangte wenigstens fünfzig Dollar als Beweis ihrer Zahlungsbereitschaft. Fünfzig Dollar, die Marilyn nicht hatte.

**1950**
Aktfotos für Kalender

Also rief sie Tom Kelley an, der sie für Werbefotos schon dann und wann bestellt hatte. Kelley war bekannt dafür, daß er fünfzig Dollar für Aktaufnahmen zahlte, und es war Marilyns Glück, daß sie dieses Angebot nicht schon früher angenommen hatte. Sie verabredete einen Termin abends in seinem Atelier. Kelley hatte eine Dekoration aus rotem Samt vorbereitet, und da legte sich Marilyn hinein. «Hatten Sie irgendwas an?» ist sie viele Jahre später gefragt worden, und sie soll gesagt haben: «Ja, natürlich, das Radio!»

Zu diesem Zeitpunkt, als sie schon zwei Filmverträge unterschrieben und eine mittelgroße Rolle gespielt hatte, mußte Marilyn doch noch die Stufe vom Pin-up-Mädchen zum Aktmodell hinuntergehen. Was zwei Jahre vorher wie das triumphale Entrinnen aus der Schmuddelkind-Vergangenheit aussah, mündete jetzt in Posen, die der Fotograf lüstern mit den Bewegungen einer Otter verglich und die für Marilyn so etwas bedeutet haben müssen wie der letzte Schritt von der Bardame zur Nutte. Wie ausgehalten muß sie sich vorgekommen sein beim anschließenden Abendessen mit Drinks auf Kosten von Tom Kelley! Die Aktaufnahmen verschwanden vorerst in Kellys Archiv, und so dürfte Marilyn die Episode schnell vergessen haben.

## Auf Werbetour für die Marx-Brothers

Obwohl sie weiter hart mit sich kämpfen mußte, vermied Marilyn weiter jeden Kontakt mit Karger, selbst wenn sie gelegentlich von einer ganz ursprünglichen Sehnsucht nach seiner Mutter Mary und deren guter Küche befallen war. Gerade in den nach Öl stinkenden Imbißstuben, an denen sie entlanglebte, konnten solche Erinnerungen leicht kommen. Diese Wartesäle der Sternchen boten ja nicht gerade das, was gesund und nahrhaft ist. Trotzdem mußte dort seine Pflichtstunden abkauen, wer auf dem laufenden sein und im richtigen Moment aufspringen wollte, um auch das kleinste Angebot für eine Statistenrolle mitzunehmen. Der Titel eines späteren Films mit Marilyn Monroe bewahrheitete sich hier im voraus, wie es schon ihre erste Lehrerin vorhergesagt hatte: Blondinen bevorzugt.
Als die Marx-Brothers die letzten Aufnahmen für ihren Film ‹*Love Happy*› auf dem RKO-Gelände vorbereiteten, brauchten sie eine Blondine, und eine Kollegin, die den Job nicht bekommen hatte, schickte Marilyn zum Studio. Groucho Marx stellte wie üblich seine Fragen, die die Mädchen verunsichern und ihn als den Größten herausputzen sollten. Als er Marilyn fragte, ob sie gehen könne, und Marilyn nickte, fragte Groucho Marx nach: «Aber können Sie

so gehen, daß mir – Rauchwölkchen vom Kopf aufsteigen?» Sie konnte und bekam die kleine Rolle mit einem kurzen Dialog.
Wer Filme mit den Marx-Brothers gesehen hat, kann sich vorstellen, wie Groucho bei Marilyns Anblick fast seine Zigarre verschluckte. Im Film, versteht sich. Die Marx-Brothers waren eine in der Filmgeschichte einmalige Truppe. Die Grundlage ihrer Kinoerfolge war eine Karriere im Varieté der zwanziger Jahre. Unter der Leitung ihrer Mutter hatten sich Chico, Harpo, Groucho und Zeppo zu ungewöhnlich originellen Komikern entwickelt, und ihre größten Musical-Erfolge auf der Bühne waren auch Vorlage für die ersten Filme. Unverändert übernahmen sie ihre Charaktere vom Broadway auf die Leinwand. Groucho stand für eine blödelnde Kritik an der respektablen Gesellschaft, deren Vertreter er mit angemaltem Schnurrbart, langer Zigarre und altmodischer Brille karikierte. Chico war bekannt für seine Kalauer, seinen übertriebenen Akzent und die zusammengewürfelte Garderobe nach Art der italienischen Straßenhändler. Harpo spielte immer den Stummen und drückte sich in komischen Gesten und mit kleinen Hilfsmitteln aus, etwa einer Hupe. Zeppo fiel nicht besonders auf und zog sich auch bald vom Filmgeschäft zurück. ‹*Love Happy*› mit Marilyn war ihr letzter gemeinsamer Film.
Für Marilyn muß die Begegnung mit diesen Leuten verwirrend gewesen sein, hatte sie doch bisher nur schmalzige Helden erlebt, die ernst genommen werden wollten, während die Marx-Brothers ihren Marktwerkt auf Blödelei, der Darstellung von Schwächen und freche Kritik gründeten. Viele Gedanken dürfte sie sich allerdings nicht gemacht haben, dazu war die ganze Angelegenheit zu sehr auf Broterwerb ausgerichtet. Von der kurzen Sequenz, in der sie sich frivol anbieten mußte, konnte sie sich kein künstlerisches Fortkommen versprechen. Der Produzent aber freute sich über ihre Darbietung so, daß er ihr eine große Zukunft versprach und auch gleich etwas für sie tun wollte. Ihre Reize hatten sie wieder eine Runde weiter gebracht: Auf eine Werbetour für ‹*Love Happy*› quer durch die USA. Das war zwar keine Hauptrolle, aber in der Ankündigung dieser Tour erschien sie als weiblicher Star des Films.

*Marx und Marilyn: Gewöhnlich steckt Groucho von den Marx Brothers seine Zigarre lässig in den Mundwinkel (unten), aber bei Marilyns Anblick in ‹Love Happy› hält er sie lieber fest (oben).*

Da Marilyn es sich immer noch verkniff, Freddy Karger zu treffen, weil sie ihn immer noch ein bißchen liebte, kam ihr das Angebot doppelt gelegen. Für die gleiche Gage wie bei Columbia, also 125 Dollar pro Woche, konnte sie Freddy zwei Monate lang meiden, ohne in Versuchung zu kommen. Dazu kamen natürlich sämtliche Tickets, Hotel- und Restaurantspesen. Und zwar von allem das Beste, denn die Filmgesellschaft wollte Marilyn in Luxus und Schönheit für diesen Film strahlen lassen. Sie sollte keine bestimmte Arbeit tun, sondern nur da sein, schön sein und mit dieser Verheißung das Publikum ins Kino locken. Sie wurde neu eingekleidet und mit einem großen weißen Koffer auf die Reise geschickt. Als sie ihn unterwegs im Schlafwagenabteil des Santa Fé-Expreß öffnete, fand sie doch Arbeit. Eine Inhaltsangabe von ‹*Love Happy*›, viele Daten, Zahlen, Namen und Klatschgeschichten von den Dreharbeiten, Material also, das sie für Fragen fit machen sollte.

In Chicago holte sie ein Presseagent des Studios ab und büffelte noch einmal mit ihr die möglichen Antworten für Interviews durch, bevor sie weiterfuhr nach New York. Dort hatte sie buchstäblich einen «Großen Bahnhof». In Grand Central Station wartete ein Pulk von Fotografen, und der New Yorker Presseagent von RKO arrangierte die verrücktesten Szenen für sie. Die Schlagzeile ließ nicht auf sich warten: «Marilyn Monroe, das Heißeste aus Hollywood, hat die Hauptrolle in dem Marx Brothers Film ‹*Love Happy*›.»

**1950**
Zum erstenmal in New York

Drei Tage lang wohnte Marilyn im vornehmen Sherry Netherland Hotel in der 59. Straße, drei Tage lang wurde sie fotografiert. Schließlich erschien im New Yorker ‹*Daily Mirror*› ein ganzer Artikel über sie, mit Bild natürlich. Sogar ihr Ex-Freund André de Dienes kam, und als Ausdruck seiner Geschäftstüchtigkeit und der liebevollen Erinnerung nahm er sie wieder im Badeanzug auf. Am Strand von Jones Beach sah er, daß sie noch schöner geworden war.

Marilyn hatte bald genug von dieser Tour. Ob in Detroit, Cleveland, Chicago oder Milwaukee, immer traf sie auf die gleiche Masche. Ein Presseagent, eine Fahrt ins Hotel, ab in die Badewanne

und dann Fotos, Fotos, Fotos. Als sie in Rockford eine letzte Orchidee an ihren «liebsten männlichen Kinobesucher» verschenkt hatte und trübe in der Halle saß, nur mit einem Bademantel bekleidet, hatte auch der Presseagent ein Einsehen und schickte sie zurück nach Hollywood. Was für die Filmgesellschaft nach einem Erfolg aussah, war für Marilyn eine Pleite – bis auf die Möglichkeit, im Gespräch zu bleiben.
Für ihre Karriere aber war das Wichtigste in Hollywood während ihrer Abwesenheit geschehen.

## Auf dem Weg nach oben

Marilyn war fast dreiundzwanzig. Die Branche hatte ihr zwar noch nicht die Mitwirkung in dem unmöglichen Streifen *‹Ladies of the Chorus›* verziehen, und allein der gelungene Auftritt bei den Marx Brothers in *‹Love Happy›* hätte wohl niemandem sonst als Sprungbrett gereicht. Er war dreißig Sekunden lang. Für Marilyn und für Jonny Hyde, den berühmten Agenten, lang genug.
Er lernte sie auf einer Party kennen und erinnerte sich sofort an ihren Auftritt. Marilyn dagegen war beeindruckt von der Aufmerksamkeit, die Hyde ihr widmete. Sie war froh, daß ihr jemand zuhörte, sich mit ihr abgab und sie sogar noch ermunterte. Für Jonny Hyde war es der Beginn seiner letzten Liebesgeschichte. Er war dreiundfünfzig.

**1950**
Freundschaft mit Jonny Hyde

Als Sohn eines russischen Akrobaten hieß Jonny eigentlich Ivan Haidabura. Seine Eltern waren nach einer Zirkustournee durch Amerika nicht nach Rußland zurückgekehrt, und mit dem Blut des Artisten in den Adern und dem Geschäftssinn fahrender Völker im Kopf wurde der Sohn Filmagent. Er war einer der größten Entdekker von Schauspieltalenten in Hollywood, und er kümmerte sich bis ins kleinste um seine Klienten. Lana Turner, Bob Hope und Rita Hayworth sind mit durch seine Intrigen und aufopfernde Fürsorge Weltstars geworden. Ihm selbst bescherte diese Lebensweise mit Reisen, Parties und zermürbenden Verhandlungen ein kaputtes

Herz, und als er Marilyn kennenlernte, war Jonny Hyde ein todkranker Mann.

Marilyns Wesen mußte eine ernste Lebensgefahr für ihn sein, aber einmal mehr verliebte sich der Agent in seine Entdeckung. Bisher allerdings hatte seine Frau mit ihren vier Kindern diese durchdringende Betreuung von Talenten hingenommen und leidlich verkraftet. Marilyn wurde zum Scheidungsgrund.

Jonny Hyde versuchte mit mehr Erfolg, was schon Freddy Karger hatte beginnen wollen: Er dirigierte sie behutsam in elegantere Kleider, zu gepflegteren Ausdrücken und einigen wichtigen Büchern. Zugleich lief er durch Hollywood, als habe er die Freie Auswahl gewonnen und wolle sie mit jedem teilen. Auf Parties, Empfängen, Konferenzen und Premieren schwärmte er von Marilyn und ihrer Zukunft als Filmstar. Er muß schon damals halb Hollywood in mitleidiges Erstaunen und die andere Hälfte in Angst versetzt haben, die Konkurrenz könnte mit diesem Wunder einen Vertrag abschließen. Bei allem, was man von Jonny Hyde bisher gehört und gesehen hatte, war dieser totale Einsatz selbst für das abgebrühte Hollywood neu, und man begann zu rätseln, welches Kunststück im Bett Marilyn allen anderen voraus hatte. Denn nur so etwas konnte dahinterstecken.

Marilyn selbst erzählt über diese Zeit, daß Hyde zwar schwer verliebt gewesen sei, sie jedoch nicht ganz mitgehen konnte. Ob daran die unglückliche Geschichte mit Freddy schuld war oder irgend etwas, das ihr an Jonny doch fehlte, bleibt offen. Sie mochte ihn schon und war selbstverständlich dankbar und interessiert seinen Tips für ihre Karriere gefolgt, aber das ganz große Feuer blieb aus. Sie wohnten zeitweise zusammen, und schließlich gelang es Hyde, aus dem Starlet einen Star zu machen und sie zu einem berühmten Regisseur zu bringen, John Huston.

*Zum Vorsprechen auf dem Teppich: Marilyn bekommt die Rolle in ‹Asphalt Jungle›.*

**Vorspiel auf dem Teppich**

Für den Film *‹Asphalt Jungle›* wurde noch ein Mädchen gesucht, und Marilyn durfte vorsprechen. Sie gefiel Huston auf den ersten Blick, aber dann meinte er doch, die Bewerberin müßte auch noch spielen können. Er gab Marilyn das Drehbuch und schickte sie damit nach Hause. Sie sollte sich die Rolle ansehen und auch die anderen Charaktere studieren. Wenn sie dann noch Lust hätte,

sollte sie wiederkommen. Marilyn war geplättet. Noch nie hatte sie einen so souveränen Regisseur erlebt, und noch nie hatte sie ein Drehbuch in der Hand gehabt. Darryl Zanuck nämlich verbot seinen Regisseuren, mehr als den eigenen Text an die Schauspieler auszuteilen.
Huston hatte eine andere Auffassung von Mitarbeitern und vom Spiel. Er war zwanzig Jahre älter als Marilyn und vermittelte ihr vielleicht die väterliche Sicherheit, die sie immer vermißt hatte. John Huston gehörte bereits zu den Großen des Kinos, obwohl im Bewußtsein der Zuschauer damals Regisseure noch im Hintergrund standen. Das Publikum kannte nur die Stars. In der Branche aber hatte sich Huston durchgesetzt. Er war zuerst Drehbuchautor, zum Beispiel bei ‹*High Sierra*›, und schaffte seinen Durchbruch als Regisseur gleich mit dem ersten Film, nämlich ‹*The Maltese Falcon*›, der 1941 herauskam und in Deutschland ‹*Die Spur des Falken*› hieß.
In ‹*Asphalt Jungle*›, der 1950 entstand, geht es um einen bis ins letzte geplanten Juwelenraub und sein bitteres, von Verrat und Betrug gekennzeichnetes Nachspiel. Huston ging bei der Arbeit zum erstenmal von jenem halbdokumentarischen Stil ab, der in den vierziger Jahren für Kriminalfilme geprägt worden war. Er setzte mehr auf psychologische Begründungen und auf Charakterporträts. Diese bewunderte Veränderung wurde später oft nachgeahmt, aber selten so dicht erreicht. Der Star in ‹*Asphalt Jungle*› war Sterling Hayden, ein schöner Mann, Anfang Dreißig. Marilyn war für eine Nebenrolle vorgesehen, und es spricht für John Hustons Arbeitshaltung, daß er sich auch dafür viel Zeit nahm. Als Marilyn lange genug mit ihrer Lehrerin Natasha Lytess geübt hatte und sich zu ihrem Meister traute, gab es eine denkwürdige Szene.
Huston stand am Fenster, sah hinaus und spielte mit der Kordel des Rollos. Marilyn war unfähig anzufangen, bis ihr einfiel, daß sie zu Hause immer auf dem Sofa liegend geprobt hatte. Mit dem Stückchen Mut und Verrücktheit, das eine Karriere wie ihre eben auch erfordert, bat sie Huston, sich auf den Fußboden legen zu dürfen, denn ein Sofa gab es nicht. Hustons Assistent und andere Gäste dieses Schauspiels guckten zweifelnd zum Fenster, wo Huston aber

unbewegt stehenblieb und, ohne sich umzusehen, zustimmte.
Marilyn legte sich also auf den Teppich und bot dem Regieassistenten, der sich als Dialogpartner neben sie kniete, einen Blick auf ihre Brüste, der ihn für kurze Zeit seinen Einsatz vergessen ließ. Dann sprach Marilyn ihren Text, und aus einem Grund, der nirgendwo festgehalten ist, wollte sie ihre Darbietung anschließend unbedingt wiederholen. John Huston willigte achselzuckend ein, er hatte sich schon entschieden: «Gehen Sie mit Bill in die Garderobe, damit wir die Maße für Ihre Kleider haben», sagte er. «Sie tragen in einer Szene ein Abendkleid, in der anderen einen seidenen Hausanzug. Sie kriegen ab Montag Ihre Gage, und ich möchte, daß Sie pünktlich um neun fertig sind zur Aufnahme.»
‹*Asphalt Jungle*› wurde einer der besten Filme des Jahres, und schon bei den Testvorstellungen für Interessenten, die oft einer Premiere vorausgeschickt wurden, gab es ungeheure Szenen. Die Studiobosse saßen da und hörten das Publikum pfeifen und johlen, wenn Marilyn auftrat. Applaus drohte zeitweilig die Vorführung zu unterbrechen. Da Marilyn auf den Titeln überhaupt nicht genannt war, fragten viele nach der tollen Blondine und ihrem Namen.
Jonny Hyde und Marilyn fühlten sich wie im siebten Himmel, bis sie merkten, daß die Produktionsfirma MGM keineswegs einen langen Vertrag hinter diesen Erfolg setzen wollte, nicht einmal ein neuer Film wurde ihnen angeboten. Der Produktionsleiter hatte einfach nicht gemerkt, daß er mit Marilyn einen Star hatte, obwohl sie von der Kritik neben Lana Turner gestellt wurde. Später hatte dieser Produktionsleiter immerhin soviel Humor, daß er die Geschichte seiner Fehlurteile selbst gern erzählte: «Es war einmal ein Genie, das sah sich die Exclusivvorführung von ‹*Schneewittchen und die sieben Zwerge*› an und sagte dann, niemand werde sein Geld für anderthalb Stunden Trickfilm opfern. Nun, die brachten immerhin 20 Millionen Dollar ein. Dann sollte dieses Genie Geld in die Produktion ‹*Endstation Sehnsucht*› stecken und sagte, es sei ein schlecht konstruiertes Stück. Es lief zwei Jahre lang am Broadway. Und dann sollte er einen Vertrag mit Marilyn Monroe machen.»
Das Ergebnis kennen wir bereits.

## Warten auf die nächste Rolle

Selbst wenn diese Ablehnung wieder einen kleinen Knick in Marilyns Karriere bedeutete, muß man sehen, daß sie schon mehr erreicht hatte als die meisten Mädchen in ihrem Alter. Wer nicht längst verheiratet und mit mehreren Kindern an einen Kleinbürgerhaushalt gebunden war, konnte vielleicht gerade sein Studium abgeschlossen haben oder jeden Abend um fünf irgendein Büro verlassen, um sich auf die Suche nach ein paar Stunden Glück zu machen.
Jonny Hyde ersparte Marilyn das Herumlungern bei Pommes Frites und Cola in den Talentbuden. Sie blieb zu Hause, las die Bücher, die er ihr gab, und nahm Schauspielunterricht bei der treuen Natasha Lytess. Sie fühlte sich aufgehoben und beschäftigt. Ohne daß sie Jonny den Gefallen tat, ihn zu heiraten, genoß sie ein eheähnliches Leben, ohne daß sie als das arme Waisenkind sich schuldig fühlte, nutzte sie Hyde aus. Aber selbst er mit seinen vielen Verbindungen und Beziehungen überall im Filmgeschäft hatte große Schwierigkeiten, Marilyn die nächste Rolle zu verschaffen. Was in dieser Lage die Freundschaft eines so wichtigen Mannes wert war, läßt sich leicht zusammenfassen: Ohne Jonny Hyde wäre aus Marilyn nichts geworden.
Durch ihn bekam sie schließlich doch die nächste kleine Rolle. Joseph Mankiewicz bereitete ‹*All about Eve*› vor und konnte sich so ziemlich alles dafür bereitstellen, was er haben wollte. Er hatte gerade einen Oscar gewonnen, und diese kleinen Männchen pflegten die Tresore zu öffnen wie kaum ein anderer Schlüssel. Wieder waren Blondinen bevorzugt, und da Mankiewicz den kleinen Part in ‹*Asphalt Jungle*› gesehen hatte, mit dem Marilyn den Durchbruch geschafft hatte, rief er Hyde an.
‹*Alles über Eva*› war eine Darryl Zanuck-Produktion bei der Centfox, und die Geschichte mußte Marilyn bekannt vorkommen. Sie spielte in der Theaterwelt und zeigte den skrupellosen Aufstieg einer jugendlichen Heldin zum Star. Anne Baxter spielte das Biest und Bette Davis als alternder Star das Opfer. Mankiewicz gewann für Drehbuch und Regie je einen weiteren Oscar. Marilyn war in ein

*Zeichen des Aufstiegs in ‹Alles über Eva›: Marilyn (2. von rechts) spielt neben den Stars Anne Baxter, Bette Davis, George Sanders.*

echtes Kunstwerk geraten, und sie versuchte auch, dem gerecht zu werden. Der Regisseur erwartete eigentlich nur eine Wiederholung ihrer Leistung in Hustons Film, aber sie wollte etwas Neues zeigen und schaffte das auch. Mankiewicz war sehr zufrieden, und Jonny Hyde erreichte es diesmal, einen langfristigen Vertrag für Marilyn auszuhandeln.

Während der Dreharbeiten gab es keine der Schwierigkeiten, für die Miß Monroe später berüchtigt war. Nur in den Pausen geriet sie ab und zu in brenzlige Situationen. Als sie zum Beispiel mit dem männlichen Star des Films, George Sanders, zu Mittag aß, verließ dieser nach einem Telefongespräch fluchtartig das Lokal. Das Rätsel wurde von seinem Double am Drehort gelöst, der Marilyn erzählte, daß die eifersüchtige Gattin von einer Klatschtante über das Mittagessen informiert worden war und ihm am Telefon eine Szene gemacht hatte. Die Wachsame hieß Zsa Zsa Gabor.

Marilyn fand die Ängste, die sie bei anderen Frauen auslöste, aufregend und ärgerlich zugleich. Einige hatten wesentlich weniger an als sie, zeigten mehr Bein und Busen oder tiefste Ausschnitte am Rükken und nannten sie obszön. Andere warfen ihr vor, sie spräche mit einer vulgären Schlafzimmerstimme, dabei fehlte ihr nur dieses künstliche gute Benehmen im Hals, das nach Bedarf ein Lachen, Schnattern oder Jammern hervorbringen konnte.

## Liebe auf den ersten Blick

**1950**
Erste kurze Begegnung mit Arthur Miller

Ernster als die Geschichte mit Sanders und Zsa Zsa Gabor war eine Begegnung, die sie eines Tages auf dem Rückweg vom Essen ins Studio hatte. Sie unterhielt sich mit einem jungen Kollegen und erzählte ununterbrochen von ihren neuesten psychologischen Erkenntnissen. Jonny Hyde hatte es geschafft, sie zum Lesen zu bringen, und nach dem Sozialkritiker Lincoln Steffens war nun Sigmund Freud dran. Plötzlich stoppte ein Anblick ihren Redeschwall. Auf der anderen Straßenseite standen zwei Männer und unterhielten sich. Sie lehnten lässig an einer Hauswand, der eine klein und kräftig, der andere einen Kopf größer. Marilyn starrte den Großen an und fragte ihren Kollegen, wer das sei. Da der die beiden kannte, gingen sie über die Straße, und er stellte Marilyn vor.
Der Kleine war Elia Kazan. Er lebte in New York und wurde dort, unabhängig von den Studios in Hollywood, zu einem der wichtigsten Regisseure überhaupt. Auf dem Theater brachte er zum Beispiel ‹*Endstation Sehnsucht*› von Tennessee Williams heraus, im Kino die Welterfolge ‹*Viva Zapata!*› mit Marlon Brando und ‹*Jenseits von Eden*› mit James Dean. Er war Mitbegründer des New Yorker Stils, Schauspieler aus ihrer Erfahrung heraus handeln zu lassen und nicht nach mechanisch antrainierten Sprech- und Turngesetzen. Kazan war in den dreißiger Jahren Kommunist und hatte dann 1952 seinen umstrittenen Auftritt vor dem Ausschuß für Unamerikanische Aktivitäten, bei dem er zur Rettung seiner Karriere einige Freunde verraten haben soll. Marilyn Monroe kannte

*Gefangen in der eigenen Schönheit: Selbstbewußt reckt Marilyn den Hals und wirft ihre Mähne in den Nacken, als spürte sie schon die verliebten Blicke Arthur Millers. Tatsächlich macht ihr der amerikanische Dramatiker schon 1950 schöne Augen, aber Marilyn sieht nur sich selbst und erlaubt nicht mehr als einen Flirt.*

ihn nicht, und auch er hatte noch nichts von ihr gehört.
Der Lange neben Kazan war Arthur Miller. Er galt als der große neue Dramatiker, hatte mit seinen ersten Stücken Preise gewonnen und war seit der Premiere von ‹*Tod eines Handlungsreisenden*› so bekannt wie Tennessee Williams. Kazan und Miller wollten zusammen einen Film machen, darum standen sie zu dieser Mittagsstunde zufällig an diese Hauswand gelehnt.
Marilyn war bis in ihr Innerstes erschüttert, ohne dafür eine Erklärung zu haben. Sie verliebte sich, und es gelang ihr auch, Verabredungen mit der neuen Hoffnung ihres Herzens zu treffen. Eine Begegnung, ein Blick hatte all das bewirkt, was zwischen Jonny Hyde und ihr bei noch so viel Fürsprache nicht aufkam. Wenn Marilyn sich verliebte, dann hing das trotz ihrer geschundenen Kindheit nicht mit sozialen Leistungen, sondern nur mit ihrem Gefühl zusammen.

## Der Mann mit der Million oder: Das Ende der Schonzeit

Miller reiste wieder ab, und Marilyn blieb bei Jonny Hyde. Man sah die beiden überall. Bei Premieren, bei Grill-Parties, in den besten Restaurants und Nachtklubs auf dem Sunset Boulevard. Ganz Hollywood klatschte über die interessante Kombination, und die Frage nach der Hochzeit war für die meisten eine Frage der Zeit.
Nicht so für Marilyn und Jonny Hyde. Hinter den verschlossenen Türen ihres Bungalows braute sich eine Tragödie zusammen. Hyde flehte sie an, ihn zu heiraten. Er bat Freunde, sie zu überzeugen. Die Freunde wunderten sich mehr über ihn, als daß sie ihm halfen. Wie konnte er so ein blondes Luder dermaßen hofieren? Er versprach ihr sein Vermögen und warf sogar seine Krankheit in die Waagschale.
Marilyn blieb stur. Sie hatte eine Idee vom Heiraten, die hier nicht eingelöst werden konnte. Sie wollte verliebt sein in den Mann ihrer Wahl, und wahrscheinlich bot ihr Hyde dafür zu viel. Sie konnte nicht zu ihm aufblicken. Sosehr sie seine Arbeit und seine Hilfe

bewunderte, sosehr sie selbst unabhängig in ihrem Beruf arbeiten wollte, so wahrscheinlich hatte sie eine ganz altmodische Einstellung zu Liebe und Ehe, und dazu gehörte ein überlegener Mann. Jonny Hyde war zartfühlend, nachgiebig und hatte etwas Flehendes an sich, das Marilyn nicht ertrug. Schwäche war nicht ihre Stärke. Hyde bekam kurz hintereinander zwei Herzanfälle. Auch dann, im Krankenhaus an seinem Bett, lehnte Marilyn es ab, ihn wegen seiner Million zu heiraten.

**1951**
Jonny Hyde stirbt

Erst als er gestorben war, wurde Marilyn bewußt, was sie an ihm gehabt hatte und was sie von da an nie mehr finden sollte. Nie wieder hat nach Jonny Hyde jemand so viel Verständnis für Marilyns Vergangenheit, so viel Toleranz gegenüber ihrer Art und so viele Möglichkeiten gehabt, ihr im Beruf zu helfen. Ihr Vater, Verehrer und Verkäufer war tot, und mit einem Schreikrampf über seinem Sarg beantwortete Marilyn die Zurückweisung, mit der Jonnys Witwe sie zum Schluß noch strafen und von der Beerdigung ausschließen wollte. Kurz darauf vertrieb ein Gerichtsvollzieher sie im Namen der Familie aus dem Haus, das sie mit Jonny bewohnt hatte.
Mit Jonny Hyde ging eine Phase in Marilyns Leben zu Ende: die Zeit des Wartens, der Vorbereitung und des Anfangs, aber auch die Schonzeit. Sie hatte jetzt einen Sieben-Jahres-Vertrag bei Centfox, sie hatte gerichtete Zähne, und auch Kinn und Nasenspitze waren mit einer Schönheitsoperation auf das Maß gebracht, das Breitwand vertrug. Sie war fast fünfundzwanzig und mutterseelenallein. Die Suche, das stand fest, nach einem neuen Vertrauten würde eine Weile dauern. Ebenso stand aber fest, daß Marilyn ihn brauchte, zu Hause und bei der Arbeit.

*Starb schnell, aber ohne ihn wäre sie nichts: Jonny Hyde.*

*Ist Marilyn, ist Marilyn, ist Marilyn, ist Marilyn: Auf dem Weg zum Markenartikel durchläuft Marilyn die Mechanismen der Vervielfältigung. Hollywood macht aus ihr ein unablässig wiederkehrendes Zeichen, das für Schönheit steht, für Sex und Freude. Sie lächelt wie mit festgenagelten Mundwinkeln, behält ihre einmal gefundene Frisur und hat eine Figur, auf die sich Hollywood verlassen kann. Was es für sie bedeutet, nur über diese Attribute Bestätigung zu finden, zeigt sich bald. Die Spannung zwischen ihrer eigenen Geschichte und ihrer Rolle wächst heimtückisch mit den Erfolgen.*

# Marilyn Monroe und Hollywood

Wer in Hollywood auf die Dreißig zuging und immer noch Starlet war, Fotomodell oder Vertragsschauspielerin ohne Rollen, der konnte es eigentlich nicht mehr schaffen. Da Marilyn das wußte, klapperte sie Tag für Tag ihre Tour durch das Studio ab und ließ sich überall sehen. Dazu belegte sie Fortbildungskurse in Kunstgeschichte und baute einen Kontakt zu dem Filmjournalisten Sidney Skolsky auf. Er selbst erzählte später dem deutschen Reporter Wilhelm Bittorf, es habe sechs Monate gedauert, bis Marilyn ihm vertraut habe.

**1951**
Freundschaft mit Sidney Skolsky

Skolsky war schon damals sehr einflußreich und dafür bekannt, sich geduldig die Sorgen der Nachwuchsschauspieler anzuhören und den Bossen zu vermitteln. Zugleich war Marilyn unter den Neulingen, die er fördern wollte, sicher eine Rosine. Die beiden trafen sich bald regelmäßig in Skolskys Stammlokal, dem ‹*Schwabadero*›, später unternahmen sie lange Ausflüge den Pacific Coast Highway hinunter und gingen in Malibu spazieren. Keiner von beiden sprach von Liebe, und zumindest für Marilyn gehörte diese Unterlassung zum Erholungscharakter dieser Bekanntschaft. Skolsky hat sich auch nie beklagt. Er entsprach dem guten Ruf, den er im Vergleich zu den Klatschtanten Louella Parsons oder Hedda Hopper genoß.

Maurice Zolotow, der in seinem Buch über Marilyn Monroe mehr gedichtet als berichtet hat, fand für diese Zeit in schönster Hollywood-Poesie folgende Worte: «Ein Starlet, das mit fünfundzwanzig Jahren noch nicht zur vollen Höhe des Starruhms aufgestiegen ist, wird so selbstverständlich zur Seite geschoben, wie man Eierschalen in den Müll wirft. Die Tage wurden zu Wochen und die Wochen zu Monaten. Die Blätter lösten sich von Marilyns Kalender wie auf einer Filmmontage, die den Ablauf der Zeit illustriert.»

*Einfluß und Eros: Skolsky*

Für die Zeit zwischen ihren Kursen in Kunstgeschichte, den Pflichtbesuchen im Studio und den Verabredungen mit Skolsky hatte sich Marilyn einen festen Fahrplan zurechtgelegt, nach dem sie die Tage verbrachte. Sie hob morgens Gewichte, das blieb eine letzte Erinnerung an ihren Gatten Dougherty. Dann ging sie in Beverly Hills spazieren. Das tat man aber schon damals nicht. Man fuhr auch zum Briefkasten um die Ecke mit dem Straßenkreuzer, und so wurde Marilyn mehrmals von Polizisten aufgehalten und als verdächtiges Subjekt nach ihren Personalien gefragt. Man ging einfach nicht zu Fuß in Beverly Hills. Im Studio meldete sie sich anschließend meist vergeblich, bis den Leuten in der Werbeabteilung einfiel, sie wieder mal als Fotomodell einzusetzen. Immerhin strich sie jetzt schon fünfhundert Dollar pro Woche ein, das entsprach 1951 etwa achttausend Mark im Monat.

## Nummer 1 im Soldatenspind

Der Vertrieb von Pin-up-Fotos an Jugendliche, Seeleute, Soldaten und Verklemmte war ein blühender Zweig innerhalb der Studio-Geschäfte, und es gab eine Liste, auf der die meistgewünschten Pin-up-Mädchen standen. Nach wenigen Wochen war Marilyn auf dieser Hit-Parade wieder die Nummer Eins und hing in den Spinden der Amerikaner in Korea. Der Krieg dort war trauriger Hintergrund ihres Erfolges.
Wie Berlin war auch Korea nach dem Ende des Zweiten Weltkrieges geteilt worden. Sowjetische Truppen waren im Gefolge des Abkommens von Jalta einmarschiert und am 38. Breitengrad mit amerikanischen Truppen zusammengetroffen. Der japanischen Herrschaft sollte ein unabhängiger Staat folgen, aber die Zusammenarbeit der beiden neuen Großmächte scheiterte. Im Norden entstand eine kommunistische Volksrepublik, und eine von den USA gerufene UNO-Kommission durfte nicht einreisen. Sie sollte die Wiedervereinigung vorantreiben und mußte sich nun auf die Beaufsichtigung der Wahlen im Süden beschränken. Der erste Präsident Südkoreas wurde Syngman Rhee, der sich bald als Marionet-

*Korea-Krieg: Wieder müssen junge amerikanische Soldaten in einem fremden Land kämpfen und töten. In ihren Spinden hängt ein Foto, das sie an ihre Heimat, an Amerika, erinnert: das Pin-up-girl Marilyn Monroe.*

te der reichen Landbesitzer und hohen Militärs entpuppte. Nach dem Abzug aller Truppen schränkten die USA auch die Wirtschaftshilfe ein. So geschwächt, hatte Südkorea dem Einmarsch kommunistischer Truppen aus dem Norden nichts entgegenzusetzen.

Am 25. Juni 1950 hatten die Soldaten den 38. Breitengrad nach Süden überschritten, und die USA setzten sofort die damals stark von ihnen beherrschte UNO ein. Diese eigentlich als neutrale Schiedsstelle vorgesehene Einrichtung konnten sie einseitig mißbrauchen, weil der sowjetische Delegierte Malik die Sitzungen wegen der Nichtaufnahme der Volksrepublik Chinas boykottierte. Unter der Führung von General MacArthur schlugen sie als UNO-Truppe die Kommunisten zurück bis tief in den Norden hinauf. Erst eine Offensive chinesischer Verbände konnte sie kurz vor der Unterwerfung Nordkoreas stoppen und wiederum bis an den 38. Breitengrad zurücktreiben. Dort lieferten sich die Gegner noch einen langen, verheerenden Stellungskrieg, der erst nach zwei Jahren mit einem Waffenstillstand beendet wurde. Die alten Positionen waren wieder erreicht, dreiunddreißigtausend Amerikaner gefallen und einhunderttausend verwundet. Man muß das wissen, bevor man sich für Marilyn über den reißenden Absatz ihrer Pin-up-Fotos freut.

## Als Mietwagen ausgeliehen

Als Darryl Zanuck von diesem Erfolg hörte, glaubte er zuerst an eine Finte. Er überzeugte sich selbst bei jedem einzelnen Mitarbeiter der Werbeabteilung vom Gegenteil. Zanuck wurde nervös. Hatte er sich geirrt in diesem Flittchen, war sie doch eines jener Massenphänomene, die es ab und zu gab? Nur als kaltschnäuziger Fuchs hatte Zanuck es so weit gebracht im Filmgeschäft, aber bei vielen Entscheidungen hatte er auch gelernt, sich unausweichlichen Strömungen anzupassen.

Zanuck konnte Marilyn nicht besonders leiden. Er dürfte sie in Wahrheit nicht so bösartig verfolgt haben, wie Marilyn ihm nachsagte, denn dafür hatte er keine Zeit. Daß er sie aber zwischen seinen Problemen zur Seite schob und für nichts Besonderes hielt, stimmt. Dahinter steckte aber weniger böser Wille als eine völlig verunglückte Einschätzung ihrer Fähigkeiten und ihres Marktwerts, den Zanuck sich auch nicht von noch so zuverlässigen Beratern einreden ließ. Dabei hatte er früher etwas Ähnliches erlebt. Als Produktionsleiter bei Warner Brothers hatte er Clark Gable groß herausbringen wollen, aber Jack Warner hatte kein Interesse. Er hielt Gable für ein Gangstergesicht und meinte, die Zeit der Krimis sei vorbei. Clark

*Rakete am Starhimmel: Marilyn zwischen Krieg und Kommerz.*

Gable ging zu MGM und wurde der sicherste Kassenmagnet seiner Zeit.
Als der Präsident von Centfox während einer Party auf Marilyn aufmerksam wurde, schaltete Zanuck um auf Angriff. Er verlängerte Marilyns Vertrag zu besseren Bedingungen und gab Anweisung, sie in jedem Film einzusetzen, in den sie auch nur irgendwie hineinpaßte. Der Präsident hatte nämlich die naheliegende Frage gestellt, in welchen Filmen sie mitspiele, da sie doch unter Vertrag sei. Das peinliche Schweigen war Gold für Marilyn. In den nächsten beiden Jahren spielte sie in sieben Filmen mit, allerdings in durchweg belanglosen Produktionen, die rückwirkend gesehen nur eine Bedeutung behalten haben: Sie brachten Marilyn immer größer heraus, sie stand auf den Titeln endlich ganz oben. Einige dieser Filme wurden von anderen Gesellschaften produziert, wohin die Centfox Marilyn auslieh wie einen Mietwagen.

*Schluck auf die Zukunft: Marilyn mit Robert Ryan in ‹Clash by Night›.*

Ihre beste Vorstellung gab Marilyn dann auch bei einer dieser Firmen, die ein paar tausend Dollar für sie hingelegt hatten. Es waren die RKO-Studios, bei denen schon ihre Mutter als Cutterin gearbeitet hatte, bevor sie in der Klinik verschwand. Und gegenüber stand das Waisenhaus. Der Film war ein Aufguß des Theaterstücks *‹Clash by Night›*. Es war ein Reinfall am Broadway gewesen, dessen Rechte man wahrscheinlich billig erworben hatte. Die Handlung wurde von Staten Island nach Kalifornien verlegt und Marilyns Rolle überhaupt neu dazugeschrieben.
Es war Sidney Skolsky, der bei seinen routinemäßigen Besuchen in den Studios auf die ratlosen Produzenten gestoßen war, denen eine attraktive Blondine fehlte. Sie sollte extra für das zunehmend jugendliche Publikum eingebaut werden, und Skolsky hatte nicht nur eine Idee, sondern einen ganz konkreten Vorschlag: Marilyn Monroe. Er stieß zunächst auf eine Mauer von Zweifeln und Abwehr. MGM hatte Marilyn nach *‹Asphalt Jungle›* keinen Vertrag gegeben, Centfox brachte sie nicht richtig raus, irgendwas mußte also faul sein an diesem tollen Tip.
Erst eine persönliche Begegnung brachte die Wende, und nun sollte Marilyn gleich neben den Hauptdarstellern auf den Plakaten stehen. Wie würden die das finden? Es waren immerhin Barbara Stanwyck,

Paul Douglas und Robert Ryan, alles gestandene Stars. Aber Marilyns schüchterner Auftritt in ihrer Runde beruhigte die drei, und erst während der Dreharbeiten wurden sie nervös. Die Presse kümmerte sich nicht um sie, und die Fotografen machten keine Bilder von ihnen. Alles drehte sich nur noch um die Monroe, und auch nach der Testaufführung des Films in Pasadena war ihre erotische Ausstrahlung Tagesthema. «Der Film hätte mehr davon brauchen können», stand in der Zeitschrift ‹*Variety*›, einem Barometer des Showgeschäfts in ganz Amerika.

## Skandal um das Kalendermädchen

Von der Hit-Parade im Soldatenschrank war Marilyn zurück auf die Leinwand gekommen, und wieder schien es aufwärtszugehen. Aber wieder gab es eine Geschichte, die Marilyn am Rande des Abgrunds zeigte, und diesmal stand wirklich alles auf dem Spiel. Kurz vor dem Kinostart ihres neuen Films erhielt eine Presseagentur etwas zugespielt, das Marilyn längst vergessen und auch nie als Gefahr verstanden hatte. Es waren die Aktfotos, die Tom Kelley geschossen hatte, weil Marilyns Auto gepfändet war. Fünfzig Dollar Lohn sollten sich plötzlich zu einer Katastrophe verzinsen, denn irgendein kluges Köpfchen hatte die verdammte Ähnlichkeit zwischen Marilyn und dem scharfen Mädchen auf einem Aktkalender entdeckt, der gerade herausgekommen war.

**1952**
Drohender Skandal wegen des Aktfoto-Kalenders

Die Leute bei RKO waren außer sich, als sie mit einer miesen Erpressungsoperette konfrontiert wurden: Zehntausend Dollar, oder Marilyn sollte sich als Nackedei in den Tageszeitungen wiederfinden. Man fürchtete ernsthaft, diese Affäre könnte ‹*Clash by Night*› ruinieren, wenn ein paar der in den USA sehr einflußreichen religiösen Gruppen zum Boykott aufriefen. Sie beäugten seit Jahren inquisitorisch den moralischen Stand in und um Hollywood. Marilyn hatte die größten Wutanfälle zu überstehen, die sie bis dahin erlebt hatte, und die Ideen, wie man diesen Skandal abwehren konnte, gingen weit auseinander. Einige sagten, das Ganze sei nur für die Centfox peinlich, denn die könnte keinen Cent mehr mit Marilyn verdienen, andere beschworen sie, einfach abzustreiten, was offensichtlich war, einfach zu behaupten, es sei eine andere schöne Frau auf diesen Bildern. Schließlich wurde Skolsky zu Rate gezogen. Journalisten kannten sich am besten in den Untiefen von Klatsch und Halbseide aus. Zugleich war Skolsky unverdächtig, selbst Kapital aus einer Veröffentlichung zu schlagen. Er wußte seit einem Jahr von diesem Kalender. Skolsky fragte Marilyn zunächst, warum sie diese Bilder habe machen lassen.

Marilyn erzählte ihm von ihrer damaligen Notlage und von der vertrauenswürdigen Atmosphäre bei Kelley, dessen Frau ja schließlich bei den Aufnahmen assistiert habe. Bis auf einen Punkt sagte sie wirklich, wie es war. Nur bei der Verwendung der fünfzig Dollar schwindelte sie ein bißchen. Sie hatte damit ihr Auto ausgelöst und nicht, wie sie nun angab, ihre Miete bezahlt und einen Rausschmiß verhindert. In dieser Version war ihre Bedürftigkeit sicherlich besser begründet, und Skolsky gab ihr einen einfachen Rat: «Erzähl den Leuten genau das, was du mir eben erzählt hast!»

Im März 1952 stand die Geschichte in beinahe jeder Zeitung quer durch die Vereinigten Staaten, und das Wunder geschah. Man könnte auch sagen, Skolsky wußte eben, wovon er redete. Jedenfalls rührte sich keine Sekte, keine religiöse Vereinigung hob Faust oder Finger gegen Hollywood, und ‹*Clash by Night*› wurde der Renner der Saison. Jeder wollte das Kalendermädchen in Bewegung sehen, und die etwas enttäuschende Erkenntnis, daß sie bestens eingekleidet war, kam natürlich erst nach Verlassen der Kasse.

Marilyn konnte beruhigt, nein, aufgebaut und von der Welle neuer Berühmtheit getragen, ins Studio zurückkehren und die Dreharbeiten an ‹*Don't Bother to Knock*› fortsetzen, aus denen der Kalenderskandal sie kurz herausgespült hatte. Obwohl die Rolle ihr von der Erfahrung her liegen mußte, brach sie bei diesem Film ein. Für die Psychopathin mit wechselnden Stimmungen zwischen dumpfem Dahinvegetieren und mörderischen Ausbrüchen war sie nicht reif. Die Presse machte sie lächerlich, und das Studio war in einer Zwickmühle. Jeder fand sie jetzt wirklich schlecht – wie Zanuck immer

schon –, aber zugleich war sie der berühmteste Artikel, den Centfox auf dem Markt hatte. Es dauerte zwei Jahre, bis nach vielen zum Teil einträglichen Versuchen eine klare Richtung sichtbar wurde, die Komödie.
Zwischendurch hatte Marilyn noch einmal mit den Schatten ihrer Kindheit zu kämpfen; Gladys Baker hatte den steigenden Starrummel um ihre Tochter durch den Schleier ihrer Krankheit soweit verfolgen können, daß sie langsam anfing, sich mit den Federn ihres Kükens zu schmücken. In der staatlichen Nervenklinik von Kalifornien kannte man zwar Scharen von Kranken, die plötzlich in Clark Gable, Gary Cooper oder Lana Turner ihre Kinder erkannten, aber Gladys Baker gelang es, ihre Mutterschaft glaubhaft zu behaupten und damit bis an das Telefon eines Reporters vorzudringen.
Da Marilyn Monroe vom Studio gerne als Rakete aus dem Waisenhaus verkauft wurde, war mit der neuen Nachricht Geld zu machen, und nach einigem Druck auf Centfox und Marilyn selbst stand es im Mai 1952 in der Zeitung. Drei Monate nach der Kalender-Affäre kam heraus, daß der Nackedei noch eine Mutter hatte, und in den Wochen danach mußte sich Marilyn einer Schar angeblicher Väter erwehren, die nun natürlich auch aus dem Nebel zwischen Wahrscheinlichkeit und schierer Spekulation auftauchten. Diese Bedrohung ebbte aber wieder ab, ohne daß auch nur einer beweisen konnte, ihm gebühre ein Anteil an Marilyns Existenz und Einkommen. Selbst dem wirklichen Vater gelang es nicht, sollte er dabeigewesen sein.

## Doof, aber ein Mordsgeschäft

Anfang 1952 stand Marilyn Monroe zum erstenmal vor der Kamera eines berühmten Regisseurs. Er hieß Howard Hawks, der Film ‹*Monkey Business*›.
Der damals schon sechsundfünfzigjährige Regisseur hatte die Ochsentour durch Hollywood hinter sich und auch schon einige der

*Mußte zeigen, was sie hat, nicht was sie kann: Marilyn mit Cary Grant in ‹Monkey Business›.*

größten Erfolge der kurzen Filmgeschichte. Zuerst war Hawks für Requisiten in Mary Pickfords Filmen zuständig gewesen, also für sämtliche kleinen Gegenstände, die in den Dekorationen herumlagen, dann kam er in den Schneideraum. Das war ungefähr zur gleichen Zeit wie Gladys Bakers Aufstieg zur Cutterin. Ihre Wege haben sich aber nicht gekreuzt und gingen ja dann in sehr verschiedene Richtungen. Ein Star oder aber verrückt zu werden, das waren allerdings die beiden Pole, zwischen denen sich die Existenzen in Hollywood bewegten. Nur erstarrten eben die meisten da, wo sich die Angst vor der einen und die Sehnsucht nach der anderen Möglichkeit trafen: im Mittelbau all derer, die den Stars zuarbeiten mußten oder durften.

Hawks war anders. Er kam aus dem Schneideraum in die Drehbuchabteilung, beim Theater würde man sagen, in die Dramaturgie. Er war bei Paramount gelandet und hatte mit knapp dreißig den Fuß in der Tür. Er las Drehbücher, beurteilte Stoffe und wußte, was gespielt wurde. Trocken in der Arbeitshaltung, aber auch in seinem Humor, wurde Hawks von 1926 an zu einem Regisseur, der wie kein anderer seine eigene Einstellung und die seiner Figuren zur Deckung bringen konnte. Gefühle wurden hinter knappen Gesten und saloppem Humor versteckt, und seine unsentimentale Haltung ließ Komödien entstehen, die einen tragischen Sachverhalt am Anfang des Films in den Gegenstand schallenden Gelächters zum Ende hin verwandeln konnten. Er arbeitete immer an den Dialogen mit und gehört zu den besten Erzählern im amerikanischen Film. Man war gespannt, was er mit Marilyn anfing.

Ihr schauspielerisches Talent stellte er nicht auf die Probe, denn damit hätten sich beide nur blamiert. Hawks hatte immerhin Cary Grant, Ginger Rogers und James Coburn durch den Film zu führen, die einiges mehr bieten konnten. Anderes allerdings weniger, und das holte sich Hawks bei Marilyn. Daß sie überhaupt große Szenen hat in diesem Film, verdankt sie der kaltblütigen Ausbeutung ihrer freiliegenden Qualitäten. Hawks fand sie an Marilyns Oberfläche und zeigte sie freimütig herum. Ihren Rücken, für den extra tiefe Ausschnitte geschneidert wurden, und ihr sinnliches Gesicht, das mit raffinierten Schminktechniken in seiner erotischen Ausstrahlung verstärkt wurde. Über eine besondere Mischung von Lippenstift legte der Maskenbildner noch eine Art Firniß, der aus einer Wachs- und Vaseline-Mischung angerührt wurde und ihrem Mund einen lasziven feuchten Schimmer gab. Allein die Lippen auf einen Leinwandkuß vorzubereiten, dauerte über eine Stunde. Pullover und Kleider wurden geschnitten wie nasse Badeanzüge – so saßen sie Marilyn jedenfalls auf der Haut! Howard Hawks wußte nur zu genau, was die Zuschauer sehen wollten, und er wußte auch, daß Marilyn gerade das bieten konnte.

‹*Monkey Business*› spielt in einer chemischen Fabrik, in der Cary Grant als Wissenschaftler die merkwürdigsten Lösungen zusam-

menbraut auf der Suche nach einer Art Jungbrunnen. Der Witz des Films wurde von Marilyn eigentlich nur dadurch mitgetragen, daß sie als besonders dußlige Sekretärin eingesetzt war und die Leute damals eine dußlige Sekretärin, die sehr scharf aussah, eben lustig fanden. Marilyn war auf genau dieser Ebene von Hollywood inzwischen akzeptiert worden: ein bißchen doof, aber ein Mordsgeschäft. Es war eine Gemeinheit, aber es war auch eine Karriere.
Auf dieser Verbindung beruhte das Starsystem, ein Phänomen der Filmgeschichte, das in Hollywood ersonnen und nirgends so erfolgreich kopiert worden ist. Florence Lawrence war die erste Schauspielerin, die systematisch zum Star aufgebaut wurde. Das hieß zunächst, daß sie überhaupt unter ihrem Namen spielen durfte und nicht nur für irgendein Studio. 1910 erfuhr die Öffentlichkeit, wie sie hieß, während sie bis dahin als «Biograph-Girl» bekannt war, benannt nach dem Studio, für das sie arbeitete. Zum Star gehörte eine publikumswirksame Identität, die notfalls erfunden wurde. Der ganze Lebensstil wurde von den Studios bestimmt. Garderobe, Frisur und sogar Eßgewohnheiten mußten mit Managern abgestimmt werden, und die Filmrollen wurden nach der Eignung für diesen künstlich erzeugten Gesamteindruck ausgesucht. Das führte häufig dazu, daß eine Karriere beendet war, wenn ein bestimmter Trend, eine Mode, ausgequetscht war und gegen eine neue, gewinnversprechendere ausgetauscht wurde. Da konnte der Schauspieler noch so gut sein, er war erledigt. Sein Erfolgsstil war nicht mehr gefragt, und unter der einmal erreichten Ebene konnte er nicht arbeiten. Selbstmorde waren immer wieder die Folge, auch damit hat Miß Lawrence den Anfang gemacht. Inzwischen war zugleich mit der wirtschaftlichen Flaute Hollywoods das Starsystem aufgeweicht worden, und in den fünfziger Jahren gab es nur noch ein paar angestrengte Versuche. Zu ihnen gehörte Marilyn Monroe. Sie hatte jetzt einen Ruf, eine Frisur, eine Figur und den Vaseline-Schimmer auf den Lippen. Die Kalendermädchen-Affäre und die verwirrenden Geschichten über Vater und Mutter waren Vergangenheit, neue Skandale waren den aufmerksamen Studiobossen nicht zu Ohren gekommen. Sie waren zufrieden mit ihrem

Star, der inzwischen auch viel mehr einspielte, als sie nach dem Sieben-Jahres-Vertrag ausgeben mußten. Millionengewinnen standen ein paar tausend Dollar Gage gegenüber.

## Sich beweisen wollen

Marilyn war jedoch nicht so dumm, wie sie auf dem Markt verkauft wurde, zumal in Geldangelegenheiten. Sie drängte ihre Agentur immer wieder, ihr bessere Vertragsbedingungen zu verschaffen, aber vorerst lief da gar nichts. Jene materielle Sicherheit, für die Jonny Hyde vor seinem frühen Tod gesorgt hatte, mußte Marilyn weiter mit kleinen Steigerungsraten ihrer Gage bezahlen, während weniger Erfolgreiche schon das Zehnfache kassierten.
Verärgert und vereinsamt ging sie den Sunset Boulevard hinunter, wenn das Studio sie ausgespuckt hatte. Sie war müde und gelangweilt. Niemand stand ihr so nahe wie früher der alte Schenck, Freddy Karger oder eben Jonny Hyde, den sie am meisten vermißte. Sie war sogar zu müde, sich eine neue intensive Beziehung zu wünschen, und verteilte ihre restliche Sympathie auf Skolsky und einen jungen Freund mit Namen March, der wohl gern ihr Manager geworden wäre und sich sehr um sie bemühte. Aber eben nur geschäftlich. Das hatte den Nachteil, daß Marilyns Einsamkeit andauerte, aber den Vorteil, daß sie keine unliebsamen Umklammerungen abschütteln mußte. Sie konnte sich zu March verhalten wie ein Kumpel oder eine Schwester, und als er ihr eines Tages ein Häuschen vermittelte, zog sie für kurze Zeit dort ein.
Wie schlecht es ihr wirklich ging, mag man daran ablesen, daß sie innerhalb weniger Monate viermal umzog und endlich in einem Apartment-Hotel landete, für die Miete ihre halbe Gage drangab und schließlich krank wurde. Die Schere zwischen Marilyn Monroe und Norma Jean begann sich sichtbar zu öffnen, die Auseinandersetzung zwischen dem gemachten Star und dem gewachsenen Mädchen brach offen aus. Marilyn erkannte, kaum daß sie auf den ersehnten Höhen angelangt war, daß sie jeden Tag da oben aus ihrer

inneren Substanz bezahlen mußte. Zur Wiederherstellung ihrer Arbeitskraft setzte sogar Darryl Zanuck ein freundliches Gesicht auf, und tatsächlich erschien Marilyn kurz darauf wieder im Studio. Was machte sie stark? War es das Lächeln Darryl Zanucks, war es der hofierende Stil, in dem man sich am Krankenbett um sie gekümmert hatte? War es das bescheidene Maß an Ansprache, das ihr noch bei Skolsky und March verblieben war? Es muß eine andere, tiefer sitzende und ganz selbstverständlich arbeitende Kraft in ihr gewesen sein, eine Wut im Bauch auf alles Schwache, also auch auf ihre eigenen Schwächen. Mochte sie Zanuck noch so hassen, sie bewunderte ihn als starken Mann und wollte ihm ebenbürtig sein, ihm eine Auseinandersetzung bieten, nach der sie nicht als winselnder Hund von der Szene schleichen mußte. Sie wollte Hollywood beweisen, daß sie keine dumme Gans, sondern eine ganz harte Nuß war. Sie muß geglaubt haben, daß es zwischen äußerster Leistung und dem Verderben, wenn sie sich fallenließ, keine Zwischentöne gab. Sie war eine Frau von 26 Jahren, die ihren Geburtstag lieber allein mit einer Flasche Sekt verbrachte als mit Leuten, denen gegenüber ihr jede Regung im Gesicht wie schwere Arbeit vorkam.

## «Joe wer, bitte?»

Sie hatte March immer wieder gesagt, er solle bloß keinen Mann aus der Branche für sie anschleppen. March war nämlich bemüht, Marilyn einen Partner zu suchen, weil er wie so viele dachte: Ohne Männer geht es nicht. Eines Tages kündigte er einen alten Freund aus New York an und war guter Dinge, da dies kein Schauspieler, Produzent oder Regisseur war.
«Joe di Maggio besucht mich. Er möchte dich kennenlernen», sagte er ganz aufgekratzt und erwartete große Augen und einen weit aufgerissenen Mund. Aber Marilyn fummelte weiter an ihrer Tasche herum und fragte nur:
«Joe wer, bitte?»
Wir können uns hier in Europa nicht recht vorstellen, was diese

Reaktion in den USA bedeutete. Für March jedenfalls war sie eine Unverschämtheit. «Di Maggio», wiederholte er leise. «Joe di Maggio!» Es war etwa so, als hätte Romy Schneider nicht gewußt, wer Fritz Walter ist.
Joe di Maggio war damals der berühmteste Baseballspieler Amerikas, er war eine Art Nationalheld und bedeutete für den Sport ungefähr, was Eisenhower in der Politik, der Papst in der Kirche und Marilyn Monroe beim Film war. Er kannte sie von Fotos und hatte March erzählt, sie sei von den prominenten Frauen die einzige, die er kennenlernen möchte. Das wird übrigens nicht der letzte Hinweis auf seine etwas oberflächliche Sicht des Lebens bleiben. Er hatte für seine Vorliebe einen Grund, der jeden Quizkandidaten beim Thema Marilyn aus dem Studio werfen würde: Es war nicht ihre Frisur, nicht ihre Figur, nicht der Seidenglanz auf ihren Lippen und schon gar nicht irgendein Film. Es war ein Foto, auf dem sie zu engen weißen Shorts und einer knappen Bluse eine Baseballkappe trägt und einen Schläger schwingt. Obwohl er das Showgeschäft als Profi-Sportler kannte, hatte Joe keine Ahnung von den Medien und glaubte wirklich, Marilyn verstünde etwas von Baseball.
Die erste Enttäuschung kam also frei Haus mit nach Los Angeles, und March war gespannt, wie die Superstars einander begegnen würden. Er bestellte einen Tisch in der ‹*Villa Nova*›, einem italienischen Restaurant, für den folgenden Samstag, und da er ja etwas im Sinn hatte mit diesem Treffen, brachte er für sich selbst noch eine Tischdame mit. Marilyn sollte nicht auf die Idee kommen, sie könnte mit ihm nach Hause fahren.
Aber Marilyn kam zunächst gar nicht. Als March mit seiner Tischdame eintraf, saß Joe di Maggio schon da, aber allein. Das Restaurant hielt kleine Winkel und Tischchen für ein romantisches Rendezvous bereit, und in einem davon warteten die drei nun auf Marilyn. Joe di Maggio zweifelte schon an der ganzen Verabredung und dachte, March hätte ein bißchen zu dick aufgetragen, aber nach zwei Stunden war sie plötzlich da und setzte sich so selbstverständlich hin, als habe sie nur ein paar Minuten länger als die anderen nach einem Parkplatz gesucht.

**1952**
Erstes Treffen mit Joe di Maggio

Das Gespräch kam nur mühsam in Gang. Kurze Bemerkungen über Joes Krawatte und das bekannte «nice to meet you» machten March klar, daß er den Abend bestreiten mußte. Zumindest den Text sollte er liefern. Und so erzählte er denn eine Klatschgeschichte nach der anderen, Produzentenprobleme, Reisepläne einzelner Stars und ähnliches. Er vermied es sorgfältig, irgendeine Liebesgeschichte einzustreuen, um Marilyn und Joe nicht zu früh mit diesem Thema zu konfrontieren. Die beiden sahen sich ab und zu an. Marilyn hatte sich einen Baseballspieler ganz anders vorgestellt und war verwirrt. Sie hatte erwartet, ihr würde ein Holzfäller mit schlechten Manieren gegenübersitzen. Statt dessen bot di Maggio eher das Bild eines eleganten Bankbeamten der höheren Laufbahn. Tatsächlich verdient er sich heute sein Geld als Aushängeschild der Bowery-Bank in New York, man trifft sein Grinsen in jeder U-Bahn.

Als auch David March der Stoff ausging und nach längerem Schweigen Marilyn endlich wieder etwas sagen wollte, trat Mickey Rooney an den Tisch und fing an, mit Joe ein Fachgespräch über Baseball zu führen. Mickey Rooney war Stammgast in der *‹Villa Nova›* und gehörte als Kinderstar zum besten Inventar Hollywoods. Er war ein typisches Beispiel für das Starsystem. Nach seinen frühen Rollen hatte er zwar noch viele Auftritte, aber gegen sein einmal erfolgreiches Bild als Kinderstar konnte er nie anspielen. So war es auch an diesem Abend. Er war Mickey Rooney, das Kind, gegen das man einfach nichts haben konnte, aber da er ja nun schon erwachsen war, störte er doch. March war verzweifelt, denn Rooney blieb am Tisch, bis alle zusammen aufbrachen. Auf der Rückfahrt waren Joe und Marilyn endlich allein, und nun war wenigstens das möglich, was vor anderen offenbar schon zu viel Blöße bedeutet hatte: ein Gespräch.

Marilyn fing es mit einer Entschuldigung an. Ihre Ahnungslosigkeit in Sachen Baseball sei für ihn vielleicht beleidigend, aber sie verstand ja wirklich nichts davon. So gab sie Joe Gelegenheit, diese Entschuldigung großspurig zurückzuweisen, und tatsächlich erwartete er von Frauen keine Fachkenntnisse über seinen Sport. Er schätzte ihre Schönheit und dachte, die schönsten Frauen müßten

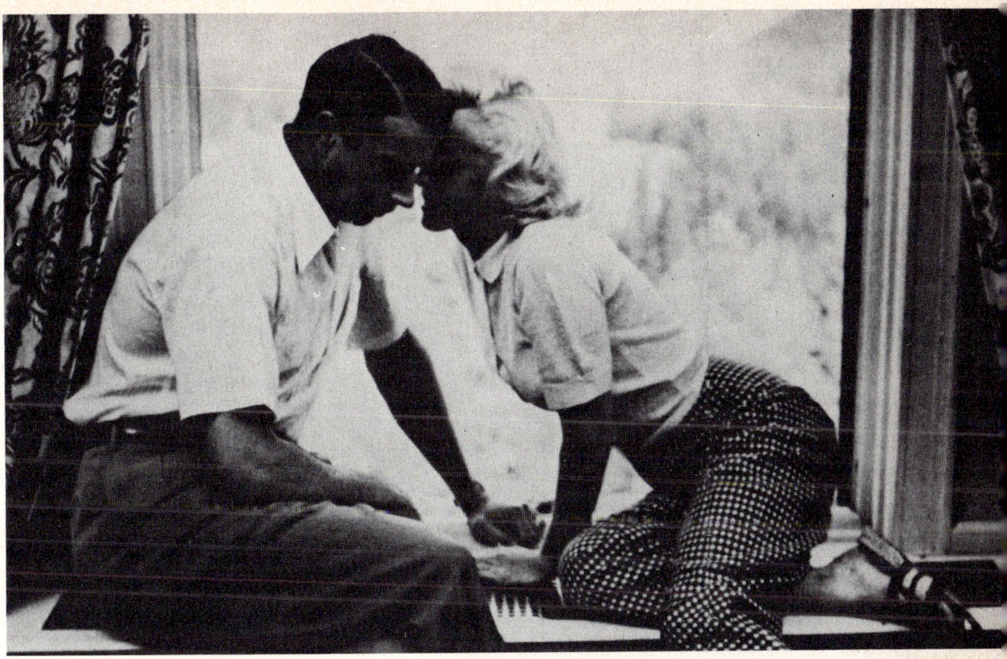

*Nach langer Einsamkeit sehnsüchtige Zuneigung: Marilyn mit Joe di Maggio, dem amerikanischen Baseball-Helden. Paßt sein konservatives Weltbild zu ihrer Vorgeschichte?*

unter schönen Schauspielerinnen zu finden sein. Er war schon einmal mit einer verheiratet gewesen, aber offensichtlich hatte diese Erfahrung seinen Illustrierten-Horizont kaum erweitert. Daß er nicht nur Informationen, sondern auch seine Lust aus Medien wie Zeitschriften oder Fernsehen bezog, sollte noch zu einem großen Problem zwischen Marilyn und ihm werden. Er machte vieles so, wie er meinte, daß man es machen müßte. Er hatte Gesten und Verhaltensmuster nicht so sehr aus eigener Erfahrung und Zutrauen zu sich parat, sondern oft machte er nach, was er irgendwo gesehen hatte und für richtig oder besonders eindrucksvoll hielt. Als Marilyn ihn vor seinem Hotel absetzen wollte, bat er sie, mit nach oben zu kommen. Marilyn lehnte die Einladung ab, und es begann ein kleiner Telefonkrieg, der wieder von «Wer wen?» bestimmt war. Wer mußte wen anrufen, wer gab sich eine Blöße und wer konnte es sich erlauben? Immerhin war Marilyn sechsundzwanzig, und Joe ging auf die Vierzig zu. Er war der Sohn eines Fischers aus San Francisco und hatte acht Geschwister. Seine aktive Laufbahn hatte er nach mehreren Verletzungen im Herbst 1951 beendet. Zuletzt verdiente er allein beim Baseball einhunderttausend Dollar im Jahr, dazu kamen Werbung und Lizenzen für Sportartikel, die seinen Namen trugen.

## Verliebt aus Sehnsucht

Schließlich rief Marilyn bei ihm an, und sie trafen sich zum Abendessen. Marilyn war immer noch gerührt von seinen Erzählungen über das Leben der italienischen Fischerfamilie mit den vielen Kindern, und so lag nichts näher, als wieder in ein kleines italienisches Restaurant zu gehen. Später fuhren sie auf dem Pacific Coast Highway in die Nacht, vorbei an Malibu, wo Marilyn immer mit Skolsky spazierengegangen war. Joe machte keinen Annäherungsversuch, sondern plauderte über seine Freunde und darüber, wie er seit seiner Scheidung mit Frauen umging. Wollte er sie nicht mehr sehen, schickte er einen Freund vor, der ihnen das schonend beibringen sollte. Er scheute Konflikte, bei denen er schlecht aussehen könnte, und genau diese Vorsicht ließ ihn nun auch den Blick auf der Straße und die Hände am Steuer halten. Er kam noch einmal auf das Baseball-Foto zurück, das ihm so gefallen hatte, und gab damit an, daß er selbst mit General MacArthur zusammen fotografiert worden war. Seine etwas hilflose Art, Komplimente zu machen, gipfelte bei dieser Verabredung darin, daß Marilyn aber schöner sei als MacArthur.

Warum sich Joe di Maggio und Marilyn Monroe ineinander verliebten? Waren sie von Einsamkeit hinausgetrieben auf dieses Schlachtfeld der Beziehungen oder waren beide stolz, einen großen Fisch an der Angel zu haben? Joe hatte seine Karriere eigentlich hinter sich, obwohl er jetzt regelmäßig Fernsehkommentare sprach und wöchentlich einen Baseballehrgang über den Bildschirm schickte. Marilyn dagegen hatte das meiste noch vor sich. Sie sollte zwar nur noch zehn Jahre leben, aber in dieser Zeit lag der Höhepunkt ihrer Karriere. Die erste Begegnung der beiden war vorbereitet wie von einem Heiratsvermittler, und man muß sich fragen, was die beiden selbst nun in diese Romanze einbringen konnten. Vielleicht war es einfach Sehnsucht. «Eine Karriere ist etwas Herrliches», sagte Marilyn dazu, «aber man kann sich nicht in einer kalten Nacht an ihr wärmen.»

Joe di Maggio blieb noch ein paar Wochen in Los Angeles. Er besuchte sie im Studio und wurde sofort vermarktet. Gut gelaunt ließ er sich mit Marilyn und Cary Grant zusammen fotografieren, die Reporter drohten von nun an täglich, das Studio zu stürmen, und die Dreharbeiten zu ‹*Monkey Business*› waren wirklich gestört.

In den Zeitungen erschien ein Bild, das Marilyn mit dem glücklichen di Maggio zusammen zeigte. Cary Grant hatte man einfach weggeschnitten. Marilyn besuchte Joe auch im Baseballstadion, wo er als Gast auftrat. Die beiden trafen sich inzwischen jeden Abend, aber als verschleiere ein Tüll aus Verliebtheit die kritischen Sinne, bemerkte Marilyn noch nicht jene Gewohnheit ihres Angebeteten, die später zu den Gründen des Scheiterns gerechnet wurde.

Nach dem Abendessen nämlich hatte Joe bald nicht mehr große

Lust auf lange Fahrten den Pacific Coast Highway hinunter. Er wollte erst mal eine Runde fernsehen. Es spielte keine Rolle, was da lief. Auf einem Kanal gab es bestimmt Sport, eine Krimiserie oder Nachrichten. Die Liebe zum Fernsehen, die mehr einer abgestumpften, aber treu fortgesetzten Ehe gleicht, gilt als typische Eigenschaft amerikanischer Männer und Frauen. Joe di Maggio aber muß ein auf diesem Gebiet beispielhaftes Wesen sein, wenn sogar eine amerikanische Frau überschnappt bei seinem Fernsehkonsum.

Zuerst aber dachte Marilyn wohl, wenn sie es überhaupt bemerkte, daß sich diese Schwäche in einer starken Beziehung abstellen ließe. Als Joe nach New York zurückgekehrt war, führten sie jedenfalls teure Ferngespräche über den ganzen Kontinent, und als Marilyn ins Krankenhaus ging, um sich am Blinddarm operieren zu lassen, schickte di Maggio einen Strauß Rosen. Aus der tristen Langeweile Anfang des Jahres 1952 war Marilyn mit Joe und den besseren Rollen bei Centfox in die schönsten Tage ihres Lebens gegangen.

## Fotos, Fotos, Fotos

Noch ein weiterer Film sollte unter der Leitung von Howard Hawks und mit Marilyn Monroe gedreht werden, aber es gab einen wesentlichen Unterschied: die Besetzung der Hauptrolle. Vorgesehen war Betty Grable, aber die meiste Post im Studio bekam eine andere. Eine Lawine von Karten und Briefen traf Centfox in dem Augenblick, als der Aktkalender in Korea ankam, der kurz vorher noch fast Marilyns Karriere gekostet hätte. Die Stimme des Volkes forderte von Asien herüber ihren Tribut. Im Camp Pendleton, wo sich zehntausend Mariner auf ihren Einsatz vorbereiteten, wurde eine Nachtvorstellung arrangiert, und Marilyn trat auf. Vor der versammelten Mannschaft sang sie ‹*Somebody Loves You*› und ‹*Do it Again*›. Darryl Zanuck gab ihr die Hauptrolle in ‹*Gentlemen Prefer Blondes*›, und Marilyn wird sich mehr denn je an ihre alte

Lehrerin erinnert haben, die ihr immer eingebleut hatte: Blondinen bevorzugt!

Zwischendurch drehte sie noch ‹*Niagara*›, den einige Kritiker wegen Marilyns Teilnahme nicht ganz verreißen mochten, der aber für ihre Entwicklung wenig bedeutete. Dem Studio brachte er nach gut einer Million Dollar Kosten schließlich sechs Millionen ein. Man vergaß die Kritiken.

Marilyn fuhr nach New York zu Joe di Maggio. Sie hatte ein paar freie Tage herausgeschunden gegen das Versprechen, in Atlantic City bei der Werbung für ‹*Monkey Business*› zu helfen. New York wurde ein Alptraum. Den größten Teil des Tages verbrachte sie mit der total verrückt gewordenen Presse. Noch nie hatte sie so viele Interviews und Fototermine an einem Tag. Aber da war noch Joe.

Mit ihm wollte sie gern die neuen Stücke am Broadway sehen, aber Joe mochte nicht ins Theater. Sie wollte durch Galerien schlendern und ins Metropolitan Museum gehen, aber Joe mochte keine Kunst. Er wollte mit seinen Freunden in seinen Kneipen sitzen und seine Fernsehprogramme sehen. Und er wollte Marilyn zeigen, daß dies sein Leben in seiner Stadt war und Hollywood, sechstausend Kilometer westlich von hier, ihre Sache. Er liebte Marilyn, aber niemals sah er ihre Liebe «als ein zärtliches Planschbecken gemeinsamer Interessen oder als ein turtelndes Abschmecken ihrer gemeinsamen kleinen Kochkünste». So beschreibt Norman Mailer Joes Einstellung zu Frauen und zu Beziehungen.

Mailer kritisiert das zwar leise, aber er spricht auch aus eigener Erfahrung. Für diese Männer bedeuten Frauen viel, aber eben eines nicht: ebenbürtige Partner. Sie mögen Mütter, Schwestern, Nutten oder Engel sein, sie bleiben ein dem Mann zugeordnetes Wesen, mit dem er sich schmücken, amüsieren oder herumärgern, aber nicht messen will. Ohne daß er ihr jemals wirklich von seinen Nöten und von seinen Sternstunden beim Baseball erzählt hätte, erwartete Joe di Maggio selbstverständlich, daß Marilyn ihn begriff. Sie sollte ihn dafür lieben, daß er bei ihr war. Das wollte bei Joe nämlich was heißen.

Es muß aber in der Beziehung etwas gegeben haben, das gegen diese

Widrigkeiten die beiden tiefer ineinander verstrickte, anstatt sie voneinander wegzusprengen. Mailer meint, es war das Bett. Dabei zeigte sich di Maggio nach außen äußerst konservativ. Tiefe Ausschnitte in Marilyns Kleidern regten ihn so auf, daß er sich weigerte, in diesem Aufzug mit ihr in ein Restaurant zu gehen. Auf Streit folgte aber Versöhnung; kam sie nicht nach New York, flog er nach Los Angeles. Marilyn hielt das aus, sie wurde sogar stark. Der Film ‹*Blondinen bevorzugt*› sollte das zeigen.

## ‹Blondinen bevorzugt›

Sie hatte bei ihrem neuen Film mit drei mächtigen Leuten zu tun: dem Produzenten Darryl Zanuck, dem Regisseur Howard Hawks und dem Star Jane Russell.
Zanuck hatte sich mehr unter dem Druck der Öffentlichkeit als aus Überzeugung für sie entschieden. Als er die ersten Aufnahmen mit Gesang sah, dachte er wirklich, Marilyn sei nachsynchronisiert worden und singe gar nicht selbst. Er ließ sie in seinem Büro antreten und überzeugte sich vom Gegenteil.
Howard Hawks wiederum traute ihr mehr zu als sich selbst. Verunsichert suchte Marilyn nach jeder Aufnahme den Blick ihrer Lehrerin Natasha Lytess, die dann erlösend nickte oder langsam den Kopf schüttelte, selbst wenn Hawks mit Marilyn zufrieden war. Irgendwann reichte es dem Regisseur, und er wollte Natasha rausschmeißen, aber da spielte Marilyn nicht mit. Schließlich einigten sich die drei darauf, daß die Lytess stumm sitzenbleiben durfte und jede Geste der Zustimmung oder Ablehnung unterließ. Unglück oder Zufriedenheit in ihrem Gesichtsausdruck gaben aber Marilyn weiter die gewünschten Signale, denn sie bestand andauernd auf Wiederholungen einer Aufnahme.
Schließlich war da noch Jane Russell, und nicht nur die Journalisten waren gespannt, wie lange die beiden Sexbomben von der ersten Berührung bis zur Explosion brauchen würden. Marilyn muß aber gehörigen Respekt gehabt haben, denn sie zog die Karte des armen

*Sexbomben unter sich: Jane Russel (oben links) und Marilyn Monroe (oben rechts). Ihr gemeinsamer Film ‹Blondinen bevorzugt› (rechts), ist keine Kampfansage an Marilyns brünette Konkurrentin Jane Russell, wie jeder erwartet hatte. Trotzdem beginnt Marilyn, ihr immer mehr die Schau zu stehlen.*

ratsuchenden Mädchens, die sie für die Augenblicke größter Konkurrenz oder Bedrohung im Ärmel hatte. So kam die Presse nicht zu den ersehnten Bildern von zwei zerkratzten Gesichtern, sondern mußte die Nachricht breittreten, daß sich Miß Russell und Miß Monroe wunderbar verstanden. Jane war schon lange mit einem Profifußballer verheiratet, und da für Marilyn noch viele Fragen offen waren, fiel es ihr leicht, die Rolle eines Mädchens zu spielen, das noch etwas lernen kann. Jane Russell setzte ihre ganze Routine als Profi ein, gab damit an, abends abschalten zu können und nur für die Familie dazusein, und während Marilyn aus ihrem Vertrag ein festes Gehalt bezog, kassierte Jane Russell für *‹Gentlemen Prefer Blondes›* einhunderttausend Dollar.
Die Story des Films ist dünn und überholt, aber in den fünfziger Jahren war damit sogar gegen schlechte Kritiken viel Geld zu verdienen. Marilyn und Jane Russell spielen zwei Mädchen von der falschen Seite der Eisenbahn. Die Schienen waren in den USA oft eine Art Grenze zwischen dem Armenviertel und den großen Bürgerhäusern. Und während für die berühmten zwei Königskinder das Wasser viel zu tief war, weil die verweichlichten Adelssprosse nicht schwimmen konnten, war für Marilyn und Jane die Böschung am Bahndamm keineswegs zu hoch, denn als Arbeiterkinder hatten sie gelernt, hart einzusteigen und auch mal was zu riskieren. Also macht sich Marilyn in der Rolle der Lorelei Lee an den reichen Sohn von gegenüber heran, einen schüchternen Typen, der sie als Gast in einem New Yorker Cabaret zum erstenmal sieht und mit Jane Russell zusammen singen hört. Der steinreiche Vater tobt natürlich vor Empörung über die Annäherungsversuche, für die er nur finanzielle Gründe sehen kann. Arm und reich in den vertrauten Klischees, aus denen eine Dampferfahrt nach Frankreich heraushelfen soll. Die heimliche Hochzeit der Verliebten in Paris ist jedoch höchst ungewiß geworden, als Lorelei-Marilyn auf dem Schiff einen alten Juwelenhändler kennenlernt, und als anschließend der Vater des Bräutigams auch noch reiselustig wird und den beiden nachspürt. Er bietet eine schöne Summe für Marilyns Verzicht auf den Knaben, aber ob das genützt hat, wird hier nicht verraten.

‹*Gentlemen Prefer Blondes*› war zwei Jahre lang mit großem Erfolg als Musical auf dem Broadway gelaufen, und diese bewährte Hollywood-Masche, den Hits der Theatersaison einen Film hinterherzuschicken, war nicht ohne Risiko. Schließlich mußten die Filmschauspieler gegen den Bühnenerfolg ihrer Kollegen anspielen. Marilyn schaffte das nicht nur eben so. Zum erstenmal spielte sie ihre Möglichkeiten aus, und sofort beherrschte sie den Film. Selbst die Harmonie mit Jane Russell wurde ihr gutgeschrieben.

## Der «Als ob»-Effekt

Es gab aber eine Schwierigkeit, die bei späteren Dreharbeiten typisch werden sollte: Marilyn fing an, zu spät zu kommen. Dabei saß sie keineswegs mit höhnischem Blick auf die Uhr zu Hause im Sessel, um sich wichtig zu machen, und lag auch nicht neben Joe im Bett. Sie fing an, sich sehr lange zu waschen und zu schminken, sie fing an, einem Waschzwang anheimzufallen, mit dem sie ihren Ekel vor sich selbst und vor diesem Weib, das Marilyn Monroe hieß, abspülen wollte. Die Künstlichkeit ihrer Existenz war ja mit dem Erfolg gewachsen, weil sie den Erfolg ausmachte. Norman Mailer beschreibt Marilyn Monroe als eine der ersten Filmschauspielerinnen, die vom «Act as if» herkam, die mit ihrem «So-tun-als-ob» erfolgreich war.
‹*Blondinen bevorzugt*› war das erste eindeutige Zeugnis dieser Spielart, die zugleich die Beziehung zwischen Marilyns erotischer Ausstrahlung und ihrer eigenen Sexualität erklärt. Wie keine Frau vor ihr, konnte sie im Film oder auf Empfängen und Presseterminen so tun, als ob. Als ob sie scharf sei auf alle Männer, die da mit ihren zerknüllten Tickets in der schwitzenden Hand saßen oder ihr lüstern ein Mikrophon entgegenstreckten. Äußerlich wurde sie dessen auch nie müde, denn sie tat es lange unbewußt. Erst einer ihrer Schauspiellehrer klärte sie auf und gibt uns damit die Möglichkeit, Marilyns Zerrissenheit besser zu verstehen.
Es war Michael Tschechow, ein Nachkomme des berühmten russi

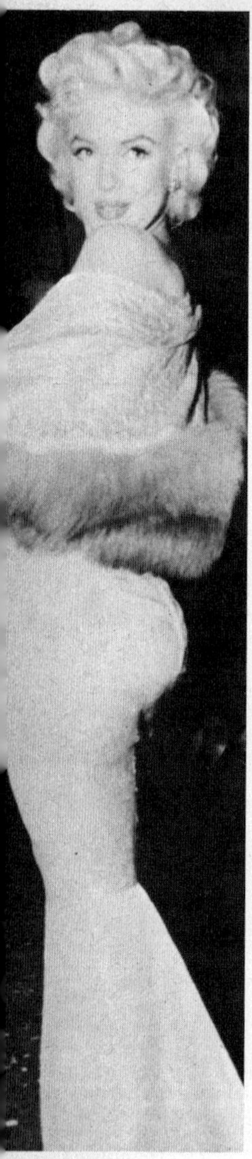

*Gewollt oder nicht: Marilyn sexy.*

schen Dramatikers Anton Tschechow, zu dem Marilyn seit einiger Zeit ging, ohne etwa auf Natasha Lytess und deren Unterricht zu verzichten. Tschechow fragte sie eines Nachmittags, so vorsichtig er konnte, ob sie gerade eben bei der Probe für eine Szene an Sex gedacht habe. Marilyn hatte natürlich nicht, so oft und staunend Tschechow auch nachfragte. Schließlich wollte sie aber wissen, wie er darauf kam.

«Es ist merkwürdig», sagte er offensichtlich verlegen, «die ganze Zeit habe ich mich sexuell angesprochen gefühlt, als würdest du zittern vor Begierde. Deswegen habe ich dich unterbrochen. Ich dachte du wärst zu scharf, um weiterzumachen.»

Marilyn war platt. Sie war nicht etwa empört, sondern fing an zu weinen. Wenn dieser Mann, den sie besonders schätzte, nicht einfach ein spätes Frühlingsrauschen in sich offenbaren wollte, sondern ganz ernst eine Beobachtung wiedergab, konnte das nur bedeuten: «So wirke ich also!» Obwohl Marilyn die Früchte dieses Eindrucks immer gerne gepflückt hatte, paßte ihr das inzwischen nicht mehr. Sie wollte Künstlerin sein und nicht nur Arsch und Titten für Korea.

Tschechow ließ nicht locker: «Mir ist jetzt klar», fuhr er fort, «was die Studios von dir wollen. Du bist ein junges Ding mit einer wahnsinnig erotischen Ausstrahlung. Die kommt von der Leinwand herunter auf die ganze Welt, und damit wird Geld gemacht. Du kannst ein Vermögen damit machen, und Zanuck will dich als sexuelle Anregung verkaufen, weiter nichts.»

Der «Weise aus dem Russenland» hatte recht, und Marilyn begann zu begreifen, was Joe di Maggio manchmal an ihrer offenen Bluse störte – in der Öffentlichkeit.

## Spannungen

Joe und Marilyn einigten sich darauf, daß Marilyn zur Arbeit und bei Empfängen oder Terminen des Studios aufreizende Sachen tragen durfte, zu Hause und wenn sie privat essen gingen, aber nur noch hochgeschlossene Kleider. Das war für di Maggio weniger als ein Kompromiß. Er versuchte zunehmend, sie aus dem Rummel um ihre Reize herauszuziehen. Am liebsten hätte er sie mit nach New York genommen und in die Küche geschickt. Er begann, ausgerechnet Natasha Lytess anzugreifen, weil er in ihr den Motor für Marilyns Ehrgeiz vermutete. Natürlich hing der Sex-Rummel mit Marilyns Schauspielerei zusammen, aber die Ernsthaftigkeit daran, welche gerade die Lytess vermitteln wollte, hätte Joe eigentlich gefallen müssen. In Wirklichkeit wollte er etwas anderes als nur eine keuschere Marilyn. Er wollte dieses berühmte Wesen zwar erobern und stolz darauf sein, aber daß sie neben ihm noch größer, noch berühmter und vor allem noch beliebter werden könnte, gefiel ihm nicht. Er wollte nicht nur im Baseball, sondern auch in der Beziehung die Nummer Eins bleiben.

Marilyn spürte natürlich die Spannungen, die sich daraus ergaben, und ging bröckchenweise darauf ein. Aus ihrem Hotelzimmer zog sie mit Joe in eine Drei-Zimmer-Wohnung und fing wirklich an, ihn zu bekochen. Er lag auf dem Sofa und glotzte in die Röhre. Ein Cowboyfilm nach dem anderen flimmerte durch die Stube, während Marilyn nach der Hausarbeit über den Texten des nächsten Drehtages brütete.

Joe kam auch nur noch einmal mit ins Studio und verließ es gleich wieder, nachdem er die Fotografen vor den Kopf gestoßen hatte. Die hätten natürlich gerne neue Bilder von Hollywoods Traumpaar gemacht, von dessen bevorstehender Hochzeit die Zeitungen schon mehr wußten als Joe und Marilyn selbst. Di Maggio aber ließ sich nicht fotografieren und dampfte wieder ab nach New York. Ihn interessierten die großen Parties und Empfänge nicht, in deren Mittelpunkt inzwischen nur noch Marilyn Monroe stand. Joe haßte das Vulgäre, mit dem sie bei diesen Festen wucherte und wonach die Gäste lechzten. Zu einer Preisverleihung zum Beispiel erschien Marilyn mit zwei Stunden Verspätung, weil ihr tief ausgeschnittenes Kleid so eng war, daß es erst an ihrem Körper zugenäht werden konnte. Die entschiedenste Kritikerin solcher aufreizenden Garderobe war die Schauspielerin Joan Crawford, die sich als große

Dame aufspielte und Marilyns Karriere mit bissigen Kommentaren in der Presse begleitete. Den Erfolg von ‹*Blondinen bevorzugt*› konnte sie damit nicht schmälern, obwohl die Kritik sich einig darin war, daß der Film nur dann erstklassig wird, wenn Jane Russell und Marilyn Monroe anfingen, mit den Hüften zu wackeln.

*Zum Angeln mit Brille: M. M. komisch.*

## ‹Wie angelt man sich einen Millionär?›

Die Kasse stimmte wieder, und Marilyn wurde in die nächste Produktion gejagt. Sie arbeitete noch immer für ein Gehalt von knapp tausend Dollar pro Woche, ein Taschengeld im Vergleich zu den freien Gagen anderer Stars oder denen von heute. Spesensätze allein bis zu zweitausendfünfhundert Dollar pro Woche, Treuegeschenke in Form eines Rolls-Royce oder eines Luxus-Wohnmobils und Gagen zwischen zwei und drei Millionen Dollar hätte Marilyn zu erwarten, wäre sie zwanzig Jahre später in Hollywood groß geworden. Von Beteiligungen am Kassenerfolg der Filme ganz zu schweigen. Darryl Zanuck aber dachte nicht daran, ihren alten Vertrag aus der Zeit mit Jonny Hyde auch nur um zehn Cent zu erhöhen.
Marilyn Monore war jetzt siebenundzwanzig. Sie war auf dem Höhepunkt der Hysterie angelangt, aber noch war es die des Publikums. Centfox setzte weiter auf das Umschreiben angekaufter Stücke und das Zusammenspiel mehrerer Trümpfe. In Marilyns nächstem Film ‹*How to Marry a Millionaire*› sollte sie mit Betty Grable spielen, an der Zanuck noch ein paar Dollar verdienen wollte, und mit Laureen Bacall, einer seriösen Schauspielerin, die mit Humphrey Bogart verheiratet war. Die Befürchtung der beiden Mitspielerinnen, es könnte ein reiner Monroe-Film werden, bestätigte sich vorerst nicht. Die Rollen waren verteilt. Erst als der Film ins Kino kam, mußten zwei Damen aus dem Trio feststellen, daß die Ankündigungen nach dem Kurswert der Stars gestaltet wurden und Marilyn Monroe obenan stand. Betty Grable nahm das zum Anlaß, bei Centfox zu kündigen, sie hatte die Zeichen der Zeit richtig gedeutet.

*Läuft Betty Grable (Mitte) erfolgreich den Rang ab: Marilyn (links) in ‹Wie angelt man sich einen Millionär›. Rechts: Laureen Bacall.*

Die Vorbereitungen für *‹How to Marry a Millionaire›* waren schwierig. Marilyn war nämlich entsetzt über ihre Rolle. Sie hatte angefangen, auf rechtzeitige Lektüre der Drehbücher zu pochen, und sah sich nun einer Figur gegenüber, deren Komik aus ihrer starken Kurzsichtigkeit und einer grotesken Hornbrille erwachsen sollte. Eifersüchtig auf Betty Grable, die immer noch die berühmte Stargarderobe «M» gegen Marilyns Ansturm hielt, versuchte die Monroe, ihrer Konkurrentin diese häßliche Figur anzuhängen. Der Regisseur schaffte es aber, sie zu überreden, indem er plump auf ihre Schwäche setzte. Ein schönes Mädchen wie sie sei auch mit Hornbrille noch überzeugend, und der Effekt beim Abnehmen dieser Brille werde ihr Ovationen einbringen.
Marilyn nahm die Rolle an, und da Joe di Maggio gerade wieder in New York schmollte, ging sie mit ihrem neuen Regisseur gelegentlich aus. Jean Negulesco faszinierte sie. Er war ein gebürtiger Ru-

mäne, Mitte Fünfzig und ungemein vielseitig gebildet und kreativ. Er malte, entwarf Bühnenbilder und inszenierte Filme. Nach ‹*Wie angelt man sich einen Millionär*› wurde er noch mit ‹*Drei Münzen im Brunnen*› und ‹*Daddy Langbein*› berühmt. Er malte sogar ihr Porträt, wobei er Marilyn die Techniken seiner Malerei erklärte, und ob er sie auch verführte oder sich ihren Verlockungen ergab, ist nur andeutungsweise zu erfahren. «Sie ist das Mädchen, mit dem man seine Frau betrügen möchte», sagte er ausweichend auf eine entsprechende Frage.

Auf jeden Fall schuf Negulesco mit seiner Fürsorge vor den Dreharbeiten eine Stimmung zwischen sich und Marilyn, die sich nachher auszahlen sollte. Ihre Verspätungen zu Drehbeginn wurden zwar immer schlimmer, aber war sie dann da, konnte sie konzentriert bis in die Nacht hinein arbeiten, oft länger als alle anderen. Negulesco hatte ihre etwas langsame Auffassungsgabe bemerkt und war froh, daß sie zu intensiven Proben bereit war.

Der Autor des Films und zugleich Mitproduzent, Nunnally Johnson, hielt wenig von Marilyn und schrieb es Negulescos privatem Ehrgeiz zu, was er aus dieser Niete herausholte. Er war froh, daß Natasha Lytess am Rand der Szene saß und seine Vorstellungen in die Worte übersetzen konnte, die Marilyn verstand. Johnson hatte besonderen Grund zur Sorge. Der Film war erst der zweite Versuch mit einer neuen Technik, die von den Studios gegen die Konkurrenz des Fernsehens enwickelt worden war: mit Cinemascope, dem Breitwandverfahren. Die Centfox hatte 1952 die Patentrechte an dieser Erfindung des Franzosen Henri Chrétien erworben und konnte ihm gerade noch den Erfolg im Kino zeigen, bevor er 1955 starb. Er hatte die anamorphische Linse, auf der das Verfahren beruht, ursprünglich für militärische Zwecke entwickelt. Im Ersten Weltkrieg sollte damit der Blickwinkel durch die schmalen Sehschlitze der Panzer erweitert werden. Der Film hielt, was die Erfindung versprach. ‹*How to Marry a Millionaire*› kostete zweieinhalb Millionen Dollar und spielte sofort zwölf Millionen ein. Das paßte zu seiner Geschichte.

Drei Mädchen versetzen auf der Jagd nach reichen Männern einen

Großteil ihrer Möbel und sogar ein Klavier. (Marilyn muß sich an die Engländer erinnert haben, die in ihrer Kindheit das berühmte weiße verhökert hatten, das sie später zurückkaufte.) Drei Männer, von denen man später nicht mehr viel gehört hat, waren Opfer dieses Einsatzes: Rory Calhoun, Cameron Mitchell und David Wayne. Sie waren nur Schwenkfutter zwischen den drei Damen. Die bombastische Premiere des Films erlebten allerdings nur zwei von ihnen. Betty Grable war beleidigt wegen der Entscheidung des Studios, Marilyn Monroe als Star des Films aufzubauen und nicht sie. Der Triumph ihrer Nachfolgerin wurde dadurch erst vollkommen.

## Die verpatzte magische Stunde

Zwischen den Dreharbeiten und der Uraufführung von ‹*Wie angelt man sich einen Millionär*› mußte Marilyn aber noch in ‹*River of no Return*› spielen, einem «Cowboyfilm miesester Qualität», wie sie selbst zu Recht sagt. Es ist der schlechteste Film innerhalb ihrer Erfolgsserie, und der Grund dafür ist wieder im Starsystem zu suchen. Das Studio hatte weder eine gute Geschichte noch besonders gute Leute an der Hand und wollte nur Marilyns Sieben-Jahres-Vertrag ausquetschen. Hunderte von Vertragsschauspielern hatten ihre Jahre abgerissen, ohne den Studios auch nur einen Dollar Gewinn zu bringen, aber Marilyn dieses Manko büßen zu lassen, war wohl eine Idee ihres Intimfeindes Darryl Zanuck, der ihr fünfzigtausend Dollar für Filme zahlte, an denen Centfox fünfundzwanzig Millionen Dollar verdient hatte. Entsprechend unwillig begegnete Marilyn dem Regisseur, Otto Preminger. Der österreichische Emigrant und Max-Reinhardt-Freund war seinerseits entsetzt über die Zumutung, die Zanuck ihm mit Marilyn Monroe antat. Er verließ die Centfox nach diesem Film.
Marilyn spielt in ‹*Fluß ohne Wiederkehr*› ein verdorbenes Mädchen vor der Kulisse der Rocky Mountains und wird natürlich von ihrem rechtschaffenen Geliebten auf den Pfad der Tugend zurückgeführt.

Eine langweilige Geschichte, für die Marilyn außerdem völlig ungeeignet war. Preminger wußte das. Er kannte ‹*Don't Bother to Knock*›, Marilyns ersten Einbruch als Femme fatale. Da sie aber schon den Rohschnitt ihres nächsten Erfolges gesehen hatte, also ‹*How to Marry a Millionaire*›, ließ sich Marilyn nicht gut führen. Sie war schon leicht übergeschnappt in Erwartung der Massenszenen, die ihr bei der Premiere bevorstanden. Das führte zu ernsten Störungen bei den Dreharbeiten.

Preminger, der als guter Regisseur und Techniker galt, wollte eines Abends in der «Magischen Stunde» drehen. Das ist die Zeit unmittelbar vor Dunkelheit. Die Sonne ging schon unter, aber man konnte noch alles erkennen, und nach ausführlichen Proben am Nachmittag wartete das Team gespannt auf jene fünf Minuten, um die es ging. Schließlich gab Preminger das Zeichen, und Marilyn umarmte ihren Partner, Robert Mitchum. Kaum hatte sie die Arme um ihn gelegt, unterbrach sie ihr Spiel und sagte: «Ich muß mal.» Die Strafe für solche kleinen Sünden kam auch hier sofort. Als sie in der nächsten Szene vor Indianern fliehen und auf ein Floß springen mußte, landete Marilyn im Wasser und zog sich eine schmerzhafte Sehnenverletzung zu.

Am nächsten Morgen kam Joe di Maggio. Das war typisch für ihn. Ritter in höchster Not zu sein entsprach dem Bild von Ehemann, das er liebte und mit dem er auch bei Marilyn richtig lag. Sie versprach, ihn bald zu heiraten.

Der Ärger zwischen Marilyn und Preminger ging weiter. Kaum war ihr Fuß in Ordnung, begannen die Innenaufnahmen im Studio, und Natasha Lytess wurde mit ihren Kopfbewegungen wieder zum Problem. Wie schon Howard Hawks wollte Preminger sie rauswerfen, weil sie dauernd in die Regie eingriff. Aber wie Hawks mußte er zurückstecken, als Zanuck von dem Krach hörte. Marilyn Monroe war längst zum entscheidenden Faktor einer Produktion geworden, die anderen mußten sich anpassen. Preminger war berühmt dafür, daß er «abdrehen» konnte, das heißt, er konnte einen Film fertigmachen. Das war durchaus nicht normal. Viele Produktionen scheiterten während der Drehzeit an unüberwindlichen Schwierigkeiten,

*Männer, Männer, Männer: Am ‹Fluß ohne Wiederkehr› ist Marilyn von Cowboys umringt. Für die Rolle des leichten Mädchens läßt sich ihre äußere Erscheinung bestens ausbeuten.*

und von diesen Filmen hat man dann nie wieder etwas gehört. Mit ihren wachsenden Extravaganzen, ihrem Haß auf das Studio und ihrer Unpünktlichkeit am Morgen wurde Marilyn immer mehr zu einer solchen unüberwindlichen Schwierigkeit, und es bedurfte immer größerer Anstrengungen aller anderen, trotzdem abzudrehen. Nie wieder hatte jemand das Glück von Negulesco, der von Marilyn alles bekam, was er fur ‹*How to Marry a Millionaire*› brauchte

## «Der schönste Tag meines Lebens»

Die Uraufführung von ‹*Wie angelt man sich einen Millionär*› glich der Ehrung eines Weltmeisters im Schwergewichtsboxen. Nur daß Marilyn eine Frau war, konnte den Jubel noch steigern. Joe di Maggio war in weiser Voraussicht zu Hause geblieben, und ihr alter Begleiter Skolsky konnte nicht kommen, so daß Marilyn alleine erschien. Sechs Stunden hatten die Schminkmeister und Kostümbildner mit ihr zugebracht, dann rollte sie im neuen schwarzen Cadillac standesgemäß am Wilshire Theatre vor. Auf dem Höhepunkt ihrer Laufbahn als künstliches Geschöpf gehörte kaum etwas von dem, was man an Marilyn sah, wirklich ihr selbst. Zuschauermassen hatten die Absperrung durchbrochen, und als habe sie für diesen Augenblick jahrelang gearbeitet, gelogen und sich verleugnet, vergeudete Marilyn noch einen Superlativ: Es sei, sagte sie, der schönste Tag ihres Lebens.

**1953**
Höhepunkt der Karriere

Nach der Vorstellung entzog sie sich der üblichen Party, ließ sich in der berühmten Garderobe «M» abschminken, die sie ja inzwischen von Betty Grable erobert hatte, und fuhr in leichter Bekleidung mit ihrem Cadillac den Pacific Coast Highway hinunter bis Malibu und wieder zurück. Zu Hause angekommen, fand sie kaum Schlaf und half sich mit Tabletten. Der Konsum von Medikamenten begann, ohne den Hollywoods berühmteste Frau bald nicht mehr leben konnte.

## Marilyn di Maggio

Das Jahr 1953 war das erfolgreichste Jahr für Marilyn Monroe, aber es endete mit einem Mißklang. Zanuck wollte sie noch Mitte Dezember in den nächsten Film jagen, als ‹*Mädchen im Rosa Trikot*›, aber Marilyn machte nicht mit. Sie wurde immer wütender über die Hetze, die Zanuck ihr zumutete, zudem bekam sie laut Vertrag zwar inzwischen tausendfünfhundert Dollar pro Woche, den Höchstsatz innerhalb der siebenjährigen Laufzeit, doch ihr Partner

Frank Sinatra sollte fünftausend bekommen, obwohl er auf dem Titel hinter ihr stand. Schließlich empörte es sie noch, eine alte Betty Grable-Schnulze musikalisch mit ihr aufzumotzen. Nichts anderes steckte nämlich hinter dem Film ‹*The Girl in Pink Tights*›. Hatte sie ihre alte Rivalin endlich aus dem Feld geschlagen, sollte sie nun deren Erfolge aufwärmen, eine echte Zumutung.
Marilyn streikte. Sie verschwand und erschien zum Drehbeginn nicht im Studio. Zanuck beantwortete ihren Vertragsbruch mit der Einstellung aller Zahlungen. Marilyn saß in San Francisco zusammen mit Joe, der schon das nahe Ende ihrer Karriere feiern wollte. Sie aber rief Zanuck an. Der Tyrann zog die Samthandschuhe über und flötete durch die Leitung, daß von Rausschmiß keine Rede sein und Marilyn selbstverständlich das Drehbuch lesen könne. Neue Töne in einer neuen Situation waren immer Zanucks Stärke, aber diesmal hatte er Pech. Marilyn schickte ihm das Drehbuch zurück und lehnte es in einem Brief als zu unmoralisch ab. Sie müßte sich schämen als hüfteschwenkende Lehrerin, die sie da spielen sollte. Eine erstaunliche Begründung und ein Beweis dafür, daß di Maggio ihr die Feder geführt hatte.
Das Studio entließ sie wieder, und für den Geschäftsmann Joe bedeutete dies, die Zeit zu nutzen. Er bereitete die Hochzeit vor, und Marilyn gab ihren Widerstand auf. Mit Zanuck und di Maggio zugleich konnte sie nicht kämpfen, Karriere und ihr Glück mochte sie nicht auf einmal riskieren. Joe wiederum erhoffte sich von der Hochzeit mit Marilyn, mit einem Schlag – wie ein Baseballspieler – alle Befürchtungen weit aus dem Center Field seines Lebens vertreiben zu können, die er mit ihrer rasenden Karriere auf sich zukommen sah. Eine Geschäftsreise nach Japan bald nach der Trauung sollte den Effekt im ersten Moment noch verstärken, denn je weiter weg er sich mit Marilyn von Hollywood und den Studios entfernte, desto sicherer war er sich ihrer.
Am 14. Januar 1954 – Marilyn war siebenundzwanzig – wurden sie standesamtlich ganz auf die Schnelle getraut. Nun hieß Marilyn Monroe Marilyn di Maggio.

**14. Januar 1954**
Hochzeit mit Joe di Maggio

Centfox schenkte Marilyn zur Hochzeit die Aufhebung ihrer Sperre, man könnte auch sagen fünfzehntausend Dollar. Soviel war diese Geste nämlich wert, aber Marilyn kümmerte sich nicht um das Studio. Sie fuhr mit Joe auf eine kurze Hochzeitsreise nach Pasa Robles und verbrachte die Hochzeitsnacht zusammen mit einem Fernsehapparat in einem Motel. Die nächsten zwei Wochen allerdings gehörten ihr dann allein, da sie in eine einsame Jagdhütte ihres Anwalts fuhren, lange Spaziergänge machten und endlich mal wieder miteinander in Ruhe reden konnten.

## Mit Joe nach Japan

Auf dem Flug nach Japan machten Joe und Marilyn di Maggio Zwischenstation in Hawaii und wurden am Flughafen von hysterischen Fans empfangen. Ihrer Reise nach Asien eilte die jeweils neueste Pressemeldung voraus, und nach dem Abflug registrierten die Kinos Rekordeinnahmen. Auf dem Flughafen von Honolulu sollen Marilyn Haare ausgerissen worden sein, so daß die Japaner für die Ankunft in Tokio umfangreiche Sicherheitsvorkehrungen trafen. Als Marilyn den Kopf aus der Tür des Flugzeugs steckte, blickte sie jedoch wieder in Tausende von Gesichtern und verschwand schnell im Innern der Maschine. Die Tür wurde geschlossen, und Marilyn verließ das Flugzeug durch die Frachtluke. Joe stieg dann mit den anderen Passagieren aus, und zusammen fuhren die beiden in einem offenen Wagen durch die Stadt, von den Einwohnern überschwenglich begrüßt.
Die Beherrschung des Marktes durch die Amerikaner konnte nicht besser demonstriert werden, obwohl Japan eine große Filmtradition vorzuweisen hat. Den Anfang hatte ein Angestellter der Fotoabteilung eines Warenhauses in Tokio um die Jahrhundertwende gemacht. Anders als in Deutschland wurde in Japan nicht so sehr aus dem Theater heraus eine Filmdramaturgie entwickelt, sondern aus der Geschichte der Samurai und anderer Schwertkämpfer sowie aus der russischen Literatur. Das große Erdbeben von 1923 zerstörte mit Tokio auch den größten Teil der japanischen Filmindustrie,

und mit ihrem Neubeginn brachte sie Regisseure hervor, die auch bei uns bekannt wurden, zum Beispiel Yasujiro Ozu, der zum erstenmal den japanischen Alltag dokumentiert hat. Während der Besetzung im Zweiten Weltkrieg zerschlugen die Amerikaner die großen Filmgesellschaften und überschwemmten das Land mit ihren Produktionen. Zum zweitenmal war die Filmindustrie zerstört. Diesmal brachte der neue Anfang Akira Kurosawa hervor, der mit ‹*Rashomon*› nach Europa kam und auf Anhieb 1951 den Großen Preis in Venedig gewann. Seinen bekanntesten Film, ‹*Die sieben Samurai*›, nahm Hollywood später als Vorlage für den Welterfolg ‹*Die glorreichen Sieben*›.
Als Marilyn Monroe in Tokio landete, hatten die großen Firmen gerade erst wieder begonnen, sich zusammenzuschließen, und da sie keinen nationalen Star hatten, feierten sie, was die USA ihnen verschrieben hatten. Während sich Marilyn kaum auf die Straße wagen konnte, ohne sofort von Menschenmassen erdrückt zu werden, die sie sehen wollten, ging Joe di Maggio in aller Ruhe in ein Stadion, gab Baseballstunden und spielte auch in einem Freundschaftsspiel als Gaststar mit. Auf einer Cocktailparty aber war es plötzlich aus mit seiner Ruhe. Amerikanische Offiziere luden Marilyn ein, in Korea an der Front zu singen. Am 38. Breitengrad lagen sich immer noch verbissen US-Soldaten und Nordkoreaner mit chinesischer Unterstützung gegenüber. Marilyn hatte noch nicht vergessen, daß dort die Wiege ihres größten Erfolges stand. Sie sagte zu, und Joe di Maggio mußte achselzuckend feststellen, daß Hollywood überall war. Er blieb in Tokio. Als sportlicher Profi hatte er gelernt, auch seine seelische Gesundheit nicht unnötig zu strapazieren.

## Auftritt in Korea

**Februar 1954**
Auftritt in Korea

Am 16. Februar 1954 landete Marilyn Monroe in Seoul, der provisorischen Hauptstadt von Südkorea, wurde armeemäßig eingekleidet und per Hubschrauber weitergeflogen an die Front. Die schärf-

*In GI-Kluft unterwegs durch Korea: Marilyn stellt eine Herausforderung dar für die Phantasie der Soldaten. Wer möchte nicht seine Uniform mit ihr teilen?*

ste Frau Amerikas, die nackend in den Spinden der Truppe hing, stieg damit in die Uniform ihrer Fans und hinterließ darin ihren Duft.

Marilyn Monroe lernte auf dieser Reise einiges hinzu. Da war beispielsweise die Bühne an der Front. Ein Holzgestell mit Zeltleinwänden als Umkleidekabine mußte die berühmte Garderobe «M» ersetzen, hastige Maniküre und flüchtiges Schminken statt sechsstündiger Vorbereitung mit Schminkmeister und Kostümbildnerin. Und auf der wackligen Bühne saß keine Natasha Lytess in der Ecke, die zustimmend nickte nach jedem Lied.

*Rauschender Beifall trotz schwerer Grippe: Marilyn singt bei zehn Auftritten vor einhunderttausend amerikanischen Soldaten, und immer unter freiem Himmel.*

Wie konnte Marilyn es also dennoch wagen, all diese Sicherheitsgurte zu vergessen und sich dem Frontalzusammenstoß mit zehntausend gierigen Soldatenblicken aussetzen, allein in einem dünnen, tiefdekolletierten Cocktailkleid, das sie in einem Verschlag überstreifen mußte? Es war der Rausch, der vielleicht jeden erfaßt, wenn er und niemand sonst die Lust und Bewunderung von Menschen auf sich zieht, die massenhaft auf dem feuchten Boden sitzen und diesen einen Punkt vor sich anjohlen. Das Fehlen aller Attribute, die für Marilyn mit Filmstudios verbunden waren, muß ihr eine trügerische, aber immer ersehnte Vision vermittelt haben: daß es nämlich keineswegs nur um Schauwerte, um künstliche Erfolge, um alles ging, was der Begriff Marilyn Monroe umschloß, sondern daß hier die gleiche arme Bande, aus der Norma Jean Baker stammte, sie wieder willkommen hieß und ihr zurief: Du bist eine von uns, aber eben die Größte. Das Verschmelzen von höchster Individualität und Gruppenwärme blitzte auf, als sie anfing, ‹*Somebody Loves You*› zu singen.

In den nächsten beiden Tagen gab sie zehn Vorstellungen vor insgesamt einhunderttausend Soldaten aller Waffengattungen, dann bekam sie eine Grippe. Mit vierzig Grad Fieber stand sie schließlich wieder auf dem Flugplatz von Seoul und sagte zum Abschied: «Ich wünschte, ich hätte die Boys kennenlernen können. – Alle!»

Zurück in Tokio versuchte sie sogar ihrem Ehemann etwas von ihrer Begeisterung abzugeben, aber Joe steckte sie für vier Tage ins Bett und sagte nur: «Laß es dir nicht zu Kopf steigen. Du brauchst nur einmal den Ball nicht zu treffen, dann solltest du hören, wie sie dich auspfeifen!» In Korea hatte Marilyn alle Bälle getroffen.

## Die Brave-Hausfrau-Episode

Einige Wochen später konnte dann endlich in San Francisco beginnen, was sich Joe di Maggio unter Ehe vorstellte und wozu Marilyn sogar bereit zu sein schien. Sie zogen in ein zweistöckiges Haus, das Joe gekauft hatte, und Marilyn führte zusammen mit Joes verwitweter Schwester den Haushalt. Sie schälte Kartoffeln und fuhr zum Fischen mit Joes Kutter aufs Meer hinaus, spielte mit ihm Golf und veranstaltete Picknicks mit seiner Familie. Marilyn war beliebt bei den di Maggios. Sie spielte mit den Kindern und zeigte sich auch brav in dem Spezialitätenlokal für Meeresfrüchte, das Joe in San Francisco betrieb. Es stellte sich heraus, daß ihr Chanel No. 5 noch anziehender auf die Gäste wirkte als der Fischgeruch aus der Küche, und viele kamen jetzt, um einmal im Leben Marilyn Monroe zu sehen, die still in einer Ecke saß, wie es sich für die Frau eines italienischen Gastwirts gehörte, wenn sie nicht in der Küche stand.

Das aber hätte Joe nie erlaubt. Er war ein reicher Mann und stolz auf seine Frau. Sie lebte in Saus und Braus. Swimming-pool, Straßenkreuzer, Personal und alte französische Weine gehörten jetzt zu den selbstverständlichen Dingen des Lebens.
Marilyn hatte versprochen, nur noch zu Filmaufnahmen nach Los Angeles zu fahren und allen anderen Trubel in und um Hollywood zu vergessen. Das hielt sie etwa einen Monat aus. Im Mai 1954 verdichteten sich Gerüchte über ständige Kräche im Hause di Maggio. Wüste Spekulationen über die ausufernden Kräfte des starken Profisportlers kamen auf. So hieß es, Joe habe Marilyn bei einer Auseinandersetzung die Hand gebrochen. In Wirklichkeit hatte er ihr während eines heftigen Wortwechsels einen Koffer zugeworfen, der ihr Handgelenk streifte und eine Schramme hinterließ.

**Mai 1954**
Ehekrise

Joe war über Marilyns Haushaltsführung entsetzt, fragte sich aber nie, wo sie es besser gelernt haben sollte. Trotz einiger Hilfe von verschiedenen Dienstmädchen war die Haushaltskasse jedenfalls bald völlig durcheinander, und Joe fing an, selber danach zu sehen, was Marilyn als Bevormundung verstehen mußte. Sie fuhr daraufhin nach Los Angeles, um sich nach Arbeit umzusehen, und nahm in ihrer Sehnsucht nach Tapetenwechsel das erste beste Angebot an. Damit war ihre Rolle als biedere amerikanische Hausfrau so schnell ausgespielt, wie man es eigentlich erwarten mußte. Weder in ihrer Kindheit noch während der ersten Jahre beim Film hatte sie Vorbilder und Möglichkeiten kennengelernt, so zu leben, wie Joe es sich wünschte. Sie kannte nur Frauen, die arbeiten gehen mußten, um zu leben, und abends schnell ein Ei in die Pfanne hauen konnten, beziehungsweise Restaurants, in die sie später von verschiedensten Männern ausgeführt worden war. Das Hausfrauendasein hatte sie nur als kurzen Traum von etwas erlebt, das in ihrer Persönlichkeit völlig fehlte, und als Bereich, in dem sie Joe gefallen würde. Für den Alltag zu wenig, zumal sie in ihrem Beruf schon so erfolgreich geworden war. Sie ging dahin zurück, wo sie Bestätigung fand, auch wenn die Suche danach sie ihre ganze Kraft kosten sollte.

*‹No Business Like Show Business›* – *‹Rhythmus im Blut›* – war kein Film, der ihr auf der Suche nach einem neuen Halt helfen konnte. Die Geschichte ist noch schlechter als beim *‹Mädchen im Rosa Trikot›*, die sie ja erfolgreich abgelehnt hatte, eine billige Montage teuer eingekaufter Lieder von Irving Berlin, die zum Teil aus den zwanziger Jahren stammten. Berlin war ein in Rußland geborener Songschreiber, der berühmte Leinwand-Musicals für Fred Astaire und Ginger Rogers geschrieben hatte, bevor Bing Crosby ihn 1942 mit dem Ohrwurm *‹White Christmas›* weltberühmt machte. Marilyn hatte in ihrer Abwesenheit viel verlernt und reichlich zugenommen. Verbissen begann sie an sich zu arbeiten, Gesangsstunden zu nehmen, Gymnastik zu machen und ihre Rolle zu lernen.

Sie hatte für sich und Joe ein Haus in Beverly Hills gemietet, aber die Ehe war kaum noch zu retten. Erschöpft und mißmutig hing Marilyn spätabends im Sofa und brachte nichts mehr hervor, was Joe erfreuen konnte. Ihre Bewunderung für den starken Mann, der sie schützend im Arm halten sollte, war wachsender Verachtung für seinen eintönigen Lebenswandel und für seine Versuche gewichen, sie zu unterdrücken. So schlecht konnte es ihr wahrscheinlich nie gehen, daß sie sich lange den Bedingungen eines Partners unterwerfen könnte.

Joe schlug mit kleinen Gemeinheiten zurück. Er erschien am Drehort und ließ sich nur mit Irving Berlin fotografieren. Marilyn wurde nervös. Die Anspannung zu Hause und der Wettlauf mit ihrer zerrinnenden Form brachten sie während der Dreharbeiten dreimal ins Krankenhaus. Und es kam noch schlimmer: Joe beklagte sich bald offen, weil sie nicht mehr mit ihm schlief, sondern nur noch arbeitete. Er machte ihr immer häufiger Szenen, die ihn als wütenden, aber im Grunde nur nach Liebe hungernden Mann zeigten.

Nach außen hin versuchte Marilyn den Gerüchten über ihre Zerwürfnisse entgegenzutreten, aber niemand sah in ihren Lügen mehr als den Versuch, die Presse noch ein paar Tage aus dem Schlafzimmer fernzuhalten. Joe ließ niemanden mehr ins Haus, und während er unten auf der Veranda beim Fernsehen saß, fing Marilyn oben an, heimlich zu trinken. Sie hatte einen letzten Halt in nicht allzu weiter Ferne vor sich: Wenn sie ihr katastrophales Comeback abgedreht hätte, sollte sofort ein neuer Film folgen, von dem sie sich viel versprach: *‹The Seven-Year Itch›*, *‹Das verflixte siebente Jahr›*. Marilyn riß sich die letzten Tage bei *‹No Business Like Show Business›* zusammen, um topfit zu sein. Sie lernte abends schon den Text für das *‹Verflixte siebente Jahr›* und hatte langsam das Gefühl, sich wieder eingespielt zu haben, wieder Leistung bringen zu können. Eine erstaunliche Entwicklung, die zeigt, daß sie Angriffen mit einem Konter begegnete und nicht nur mit Zusammenbrüchen. Das Stehaufmädchen von der andern Seite der Eisenbahn verließ sich im Ernstfall nicht auf andere, schon gar nicht auf Männer.

## ‹Das verflixte siebente Jahr›

Billy Wilder war der Regisseur von dem Film *‹Das verflixte siebente Jahr›*. Er war damals Ende Vierzig, und *‹Das verflixte siebente Jahr›* sollte sein erster Film für Centfox werden. Berühmt geworden war er bei Paramount, die ihn bald nach seiner Emigration aus Österreich unter Vertrag genommen hatten. Zwischendurch hatte er auf der Flucht seinen ersten Film in Paris gedreht und für Columbia ein Drehbuch geschrieben, von dessen Gage er nach Hollywood reisen konnte. Er schrieb weiter Drehbücher, unter anderem für Howard Hawks und Ernst Lubitsch, bevor er seit 1942 zu einem der beständigsten Erfolgsregisseure in Hollywood wurde. Dabei wechselte er von schonungslos realistischen Darstellungen zu Komödien, die allerdings auch als besonders bissig bekannt waren.
*‹Das verflixte siebente Jahr›* nahm wie das erfolgreiche Bühnenstück die Sexualphantasien eines Strohwitwers auf die Schippe. Tom Ewell hatte die Rolle auch am Broadway gespielt, aber durch Marilyn Monroe als Star des Films verschob sich die Aussage mehr zu einer Sexkomödie, die den Warencharakter der Sexualität zeigte. Die Probleme des Mannes traten dahinter zurück.

Billy Wilder wollte die Außenaufnahmen in Manhattan drehen, und so kam Marilyn nach New York. Joe di Maggio fuhr mit und erlebte dort die nach seinem Empfinden ekelhafteste Szene, die ihm Marilyns exibitionistische Ader je zugemutet hatte, jene berühmte Szene

*Mischung aus Sex und verschämtem Lächeln: Marilyn auf einem U-Bahn-Luftschacht in dem Film ‹Das verflixte siebente Jahr›.*

über dem U-Bahn-Schacht. Zu der Nachtaufnahme mit Tom Ewell und Marilyn Monroe hatten sich Tausende von New Yorkern in einem großen Kreis um den Drehort versammelt, der taghell angestrahlt war. Marilyn stand mit ihrem Partner auf einem vergitterten

Entlüftungsschacht der U-Bahn. Sie trug ein weites, ärmelloses weißes Kleid, das normalerweise gerade ihre Knie bedecken sollte. Jedesmal jedoch, wenn tief unten ein Zug entlangfuhr, bauschte sich ihr Rock auf und flog so hoch, daß man mindestens Marilyns Oberschenkel sehen konnte. Ihr Text dazu: «Oh, ich bewahr' meine Unterwäsche immer im Kühlschrank auf!»

Joe stand inmitten der New Yorker. Schon hörte er die ersten Fetzen von Zoten, die aus der Zuschauermenge kamen. Er versuchte, sich zu verdrücken, wurde aber von mehreren Reportern gestellt. Ausgerechnet vor seinem früheren Stammlokal, dem *Toots Shor's*, mußte er sich fragen lassen, wie ihm zumute sei. Er ging schweigend weiter und wurde erst laut, als Marilyn nach Hause kam. Geschrei, Schläge und Tränen waren die Vorboten einer längst erwarteten, aber für die Presse gleichwohl sensationellen Mitteilung: Marilyn Monroe gab ihre bevorstehende Scheidung von Joe di Maggio bekannt. Als sie nach Hollywood zurückkam, verließ Joe das Haus und zog nach San Francisco.

**Oktober 1954**
Trennung von Joe di Maggio

Natasha Lytess, die den Baseballspieler nie leiden konnte und ihn für Marilyns Krise verantwortlich machte, leistete nun beste Trainerarbeit. Marilyn arbeitete versessener und besser denn je. Sie kam wieder pünktlich, und viele Szenen wurden nur ein-, zweimal gedreht. Wilder sah in der Lytess eine Verbündete und keine Konkurrentin wie Preminger und Hawks. Die nächtlichen Übungen an den einzelnen Szenen, die Interpretationen und Klärungen, die Natasha ihrer Schülerin vermitteln konnte, zahlten sich am nächsten Morgen aus. Außerdem hatte Marilyn in Wilder einen idealen Krisenmeister gefunden. Bekannt dafür, unter Druck am besten zu sein und immer gerade einen Tag hinter dem frisch geänderten Drehbuch herzudrehen, brachte ihn nichts aus der Ruhe. Er sprach gelassen mit Marilyn und verkaufte ihr sogar schlechte Auftritte als passabel. Nur wegen irgendeiner erfundenen Kleinigkeit ließ er sie wiederholen. Wilder bewies, daß Marilyn eines brauchte, um ihr Bestes geben zu können: Bestätigung. Sie hielt so wenig von sich, daß auch ein Tag voll des Lobes sie nicht überschnappen ließ. Wilder machte ihr gerade genug Mut zum Weiterspielen.

Aber noch etwas anderes trug zu ihrer inneren Aufrüstung bei. Der Fotograf Milton Greene, der sie für eine Serie in ‹*Look*› vor der Hochzeit mit Joe kunstvoll abgelichtet hatte, schlug ihr nun eine große neue Geschäftsverbindung vor. Er wollte riskieren, seinen Fünfzigtausend-Dollar-Job bei ‹*Look*› zu kündigen, und mit Marilyn eine Gesellschaft gründen, die alle ihre Rechte vertrat. Den Vertrag mit Centfox wollte er als unmoralisch anfechten, weil er Marilyn zu unzumutbaren Auftritten zwang. Das war natürlich Musik in Marilyns Ohren, die nur das gelangweilte «Nein» Zanucks gewohnt waren, wenn sie sich bessere Bedingungen erbat. Um nicht nach ‹*No Business like Show Business*› einen weiteren Flop zu zeigen, gab sich Marilyn besonders viel Mühe bei Billy Wilder. Sie wollte mit einem Erfolg aussteigen, damit Centfox den Schwarzen Peter und sie die Freiheit kriegen konnte.

Tatsächlich hatten mit dem ‹*Verflixten siebenten Jahr*› alle ein gutes Gefühl, und am Abend des letzten Drehtages gab es eine Party im eleganten *Romanoff*, zu der alle, alle kamen. In der schmeichelhaften Gesellschaft der Produzenten Goldwyn von MGH, Warner von Warner Brothers und Zanuck von Centfox erfuhr Marilyn, daß ihr Vertrag nun verbessert werden sollte. War etwas aus New York durchgesickert, oder spielte die Zeit falsch? Ein interessanter Augenblick für dieses Angebot. Doris Day, Susan Hayward, William Holden und die Hartgesichter von James Stewart, Gary Cooper, Humphrey Bogart und Clark Gable wurden Zeugen einer Verbeugung Darryl Zanucks vor seinem neuen Star.

Aber Greene war auf der Hut. Er kam sofort nach Hollywood und bearbeitete Marilyn von neuem. Sie hatte Angst vor Centfox, aber er hatte gute Argumente. Sie hatte Angst vor der Armut, aber er hatte gute Ideen. Sie hatte Angst vor di Maggio, aber er hatte zwei Tickets in der Tasche. Im Dezember 1954 flogen sie nach New York, und die einzige Revolution in Marilyns Leben begann. Nie zuvor hat sie so viel so schnell umgekrempelt wie in den kommenden Monaten, und nichts und niemand blieben davon verschont.

**Dezember 1954**
Umzug nach New York mit Manager Milton Greene; Kündigung der Verträge mit 20th Century-Fox

*Intellekt und Sinnlichkeit: Der Brückenschlag zwischen Marilyn Monroe und Arthur Miller vollzieht sich in New York, wo er seine größten Erfolge und sie einen neuen Start erlebt. New York ist für Marilyn die Erfüllung einer Sehnsucht: Man nimmt sie ernst und taxiert nicht nur ihren Hintern. Sie fühlt sich geborgen und dadurch so stark wie nie zuvor.*

# Marilyn Monroe und New York

Immerhin bedeutete es ein großes Risiko für Marilyn Monroe, der Centfox so rüde den Rücken zu kehren. Sie konnte nicht genau wissen, ob die Vertragslage sie begünstigte oder das Studio. Greene mußte einen Riecher dafür und sehr gute Anwälte gehabt haben, denn nach einigen Wochen im Versteck bei den Greenes in Connecticut trat Marilyn sehr selbstsicher an die Öffentlichkeit. Sie hatte sich auf dem Land erholt und mit Greenes Frau Amy angefreundet. In dieser Zeit war aber auch ihr Vertrauen in Milton Greene und die neue geschäftliche Zukunft gewachsen. Greene hatte sich ausgerechnet, daß er fünfzigtausend Dollar pro Jahr in Marilyns Unterhalt investieren müßte, wenn Centfox auf dem alten Vertrag bestand. Das wären in drei Jahren einhundertfünfzigtausend Dollar. Darryl Zanuck würde aber in derselben Zeit dreimal eine Million Dollar verlieren, weil Marilyn nicht mehr auf den Ankündigungen der Filme stünde. Die Centfox mußte also irgendwann Greenes Bedingungen akzeptieren.

## Die Marilyn-Monroe-Productions, Inc.

Auf einer Pressekonferenz mit Cocktailparty stellte der Anwalt Frank Delaney die *Marilyn-Monroe-Productions, Incorporated* vor, eine Aktiengesellschaft, deren Anteile zu 51% bei Marilyn Monroe und zu 49% bei Milton Greene lagen. Marilyn kommentierte die Firmengründung mit ihrem Wunsch nach besseren Rollen, der Abkehr von allen Sex-Darstellungen und – neuen finanziellen Bedingungen natürlich. Dann fuhr sie zu Nachaufnahmen mit Billy Wilder zurück nach Hollywood und wurde dort keineswegs frostig empfangen. In einem Interview mit der Klatschtante Louella

Parsons schwächte sie ihre distanzierenden Worte von New York etwas ab und wollte künftige Filme für Centfox auf keinen Fall völlig ausschließen. Die Arbeit mit Wilder hatte ihr sehr gefallen und geholfen. Zwei Tage später sagte sie bei ihrer Ankunft im Studio, dies sei ihr letzter Film bei Zanuck. Inzwischen prüften die Juristen der Centfox fieberhaft die Verträge.

Nach Greenes Ansicht hatte das Studio zwar keine Chance gegen ihn, aber bis zu einer Regelung hatte er doch noch einiges durchzustehen. Die Kosten, die Marilyns Lebenswandel verschlang, konnte er bald nicht mehr von seinem laufenden Konto aus decken. Marilyn brauchte hundert Dollar wöchentlich für ihre Mutter in der Nervenklinik, hundertfünfundzwanzig Dollar für den Psychoanalytiker, zu dem Greene sie sofort nach ihrer Rückkehr aus Hollywood schickte, und allein fünfhundert Dollar für Kosmetik. Davon bezahlte sie einen Friseur, eine Frau für Maniküre und Fußpflege, eine Masseuse und einen Maskenbildner, außerdem die Schminke, Cremes und Öle, die ihre Bediensteten bei der Arbeit an ihr verbrauchten, Parfüm für fünfzig Dollar die Woche zum Beispiel. Schließlich mietete Greene ihr noch eine Drei-Zimmer-Wohnung im *Waldorf Astoria*, einem der besten Hotels in New York. Greene mußte die Gelder dafür alleine aufbringen, denn Marilyn brachte ja sich selbst als Kapital in die Gesellschaft ein. Er nahm Hypotheken auf sein Haus auf, verkaufte Aktien und schöpfte den Kreditrahmen bei seiner Bank voll aus. Was wie Hochstapelei und der sichere Weg in den Ruin aussah, war tatsächlich notwendig. Es ging um sehr viel Geld, und als junger amerikanischer Kapitalist hatte Greene gelernt zu investieren. Centfox mußte geblendet sein vom Luxus, der Marilyn umgab, Zanuck sollte das Gefühl nie loswerden, daß es ohne ihn ging, und zwar besser. Ein Presseagent wurde engagiert, der nur dafür sorgen sollte, daß Marilyns Name nicht aus den Zeitungen verschwand.

Tatsächlich kam schnell Unruhe in die Reihen der Centfox-Aktionäre, kam schnell heraus, daß die Rechtslage für das Studio schlecht aussah und kamen also schnell Angebote von Zanuck. Er bot Marilyn hunderttausend Dollar pro Film an, aber Greene blieb hart. Er

*Als gehörte sie zur Familie: Marilyn 1955 bei Anny und Milton Greene vor der Gründung der Marilyn-Monroe-Productions Inc.*

spielte das Spiel seines Lebens, das ihn vom begabten Fotografen zum reichen Produzenten machen sollte, und er dachte nicht mehr daran, die Karten hinzuwerfen.

Zusammen mit Marilyn gehörte er plötzlich auch zur New Yorker Gesellschaft. Eines Abends wollte Amy Greene gern zu einem Auftritt Frank Sinatras im *Copacabana* gehen, und als sei das ganz selbstverständlich, warf sich Marilyn in Schale, half Amy ein bißchen beim Make-up, und schon rauschten sie mit Milton Greene in ihrer Mitte los. Von einem spontanen Einfall bis zum Sitzplatz im *Copacabana* war es allerdings ein ganzes Stück. Sie mußten sich durch Sinatras Mafia-Garde drängeln und schließlich feststellen, daß alles voll war. Nicht einmal im Gang konnten sie stehen, und als sie schon wieder gehen wollten, entdeckte plötzlich Frank Sinatra seine prominenten Gäste. Sofort ließ er einen Tisch direkt vorne vor die Bühne bringen, und Marilyn sagte zu Amy Greene: «Siehst du, hab' ich doch gleich gesagt!»

Bei einer anderen Gelegenheit trafen sie Cheryl Crawford, eine Theaterproduzentin vom Broadway, und Marilyn erzählte ihr von ihrem Plan, eine richtige Schauspielerin zu werden. Miß Crawford ging mit ihr zu einem Mann, der damals als oberster Guru einer ganzen Richtung im modernen Schauspiel galt und das berühmte *Actors Studio* in New York leitete: Marilyn Monroe lernte Lee Strasberg kennen. In seiner riesigen Wohnung am Central Park begann die nächste Wende ihres Lebens.

## Lee Strasberg oder: Der alte Mann und das Mädchen

**1955**
Schauspielunterricht bei Lee Strasberg

Lee Strasberg war damals vierundfünfzig Jahre alt, Marilyn neunundzwanzig. Es war für ihn eine faszinierende Aufgabe, dem Weltstar das dicke Fell aus Schminke über die Ohren zu ziehen, unter dem er sehr schnell etwas entdeckte, das nicht ihrem Aussehen entsprach. Für sie waren die Stunden bei ihm zu Hause halb Tempeldienst, halb Rückreise in ihre Kindheit. Sie ging wieder zur Schule, und Strasberg setzte Übungen an, die ausdrücklich der Besinnung auf frühkindliche Erfahrungen dienten.

Man muß sich vorstellen, daß sich beide gegenseitig das Bild boten, das sie sehen wollten: Strasberg die schöne junge Frau und Marilyn den hutzeligen Intellektuellen. Lee Strasberg ist nicht besonders groß, aber er beeindruckt um so mehr mit seinen funkelnden Augen und seiner warmen Stimme.

Als ich schon ziemlich viel über Marilyn Monroe gelesen und etliche ihrer Filme wiederholt gesehen hatte, überkam mich der dringende Wunsch, einen lebenden Zeugen zu treffen, der eng mit Marilyns Entwicklung in irgendeiner Phase verbunden war. Vielleicht könnte die absolute Künstlichkeit aus den Archiven um eine natürliche Begegnung bereichert etwas von ihrer Kälte verlieren, dachte ich und machte mich auf nach New York.

Lee Strasberg leitet dort heute eine große Organisation zur Ausbildung von Schauspielern. Aus dem *Actors Studio* und den Privatstunden sind Ende der sechziger Jahre zwei große Schulen entstan-

den, eine in Los Angeles und eine in New York. Auch junge deutsche Schauspieler finden mehr und mehr den Weg zu Strasberg, der immer noch neben Prestige eine einmalige Ausbildung anbietet.
Nun hätte mir ein Besuch in dieser Schule, der ursprünglich vorgesehen war, zwar ein Bild von der aktuellen Situation und vom Phänomen Strasberg geboten, aber nicht die Umgebung, in der Marilyn zuerst gearbeitet hat. Ein dreitägiger Schneesturm brachte mich aber doch noch in diesen Genuß, denn Lee Strasberg war zu Hause geblieben und bat mich dorthin.
Ich kam in eine abenteuerliche Wohnung. Im siebten Stock eines der schönsten alten Hochhäuser in New York bewohnt Strasberg die halbe Etage. Von den großen Fenstern blickt man auf Central Park und eine Wolkenkratzersilhouette dahinter. Das Gefühl von Großzügigkeit kommt auf, nicht von Reichtum, obwohl diese Wohnungen im Dakota-Haus ein Vermögen kosten. Es hat seinen Namen aus der Zeit der Planung. Niemand konnte sich vorstellen, daß an eine so wenig bewohnte Ecke im damaligen New York genügend Leute für ein Hochhaus ziehen würden. «Da kannst du Leute aus Dakota holen, bis das voll ist!» hatte man dem Erbauer prophezeit. Heute ist dieses Haus ein Traumziel der Filmprominenz aus aller Welt.
In Strasbergs Wohnung verliert sich das Großartige dieses Hauses, und man fühlt sich wie bei einem alten Wiener Gelehrten, der vieler Sprachen mächtig ist. Fast alle Zimmer liegen voller Bücher, sogar die Küche und dort nicht nur Borde, sondern auch die Küchenstühle bis über die Lehne hinaus.
Die fünfzehn, sechzehn Jahre seit Marilyns Tod schrumpfen vor diesem Anblick zusammen auf die Falten um Strasbergs Augen. Marilyn Monroe könnte gerade die Wohnung verlassen haben, und es ist ein Wunder, daß ich ihr nicht im Fahrstuhl begegnet bin . . .

## *Gespräch mit Lee Strasberg, New York 1978*

*FRAGE:* 1955 kam Marilyn Monroe zu Ihnen, um Schauspielunterricht zu nehmen. Wie fing das an, wie konnten Sie mit ihr arbeiten?
*STRASBERG:* Ach, sie fing einfach an, zu lernen, sich zu erforschen, ihre Möglichkeiten zu suchen. Und sie hatte das Gefühl, sich so am besten helfen zu können. Es war wie bei James Dean. Beide waren schon Stars, das wird man über Nacht. Aber sie standen erst am Anfang ihrer künstlerischen Laufbahn.
*FRAGE:* Wird denn in New York anders gearbeitet als in Hollywood?
*STRASBERG:* Nein, der Unterschied liegt in den Anforderungen von Theater und Kino. Auf der Bühne ist der Schauspieler König. Er muß da sein, er muß tragen, er muß es durchstehen. Man kann nicht unterbrechen oder einfach schneiden. Der einzelne muß seine Fähigkeiten besser einsetzen können als beim Film, und er muß sie kontrollieren.
*FRAGE:* Was hat sie gereizt an der Aufgabe, Marilyn zu unterrichten?
*STRASBERG:* Nun, sie kam an und wollte hier arbeiten. Also fingen wir an. Ich hatte

kaum einen Film von ihr gesehen und war einfach neugierig. In der ersten Stunde, die begann genau hier, wo wir jetzt sitzen, erlebte ich sofort ihre besonders starke Empfindsamkeit. Sie konnte nicht damit umgehen, das hatte sie einfach nicht gelernt. Das zu vermitteln, reizte mich sehr, und im Gegenzug begann Marilyn aufzutauen. Sie mochte meine Familie und war zu meiner Tochter Susan wie eine Schwester. Als Susan zum erstenmal auf der Bühne stehen und ‹*Anne Frank*› spielen sollte, bat Marilyn uns, dabeisein zu dürfen. Wir fragten den Regisseur, und der war dagegen, weil er befürchtete, sie könnte zu spät kommen und einen Aufruhr verursachen. Das Publikum würde nur auf sie achten und nicht auf das Stück.
Wir wollten aber auch, daß Marilyn mitkam. Als Freundin, nicht als Star. Also sprachen wir ganz ernst und offen mit ihr über die Sorgen des Regisseurs, und Marilyn versprach, pünktlich zu sein. Ich kam an jenem Abend besonders früh ins Theater, schließlich ging es um meine Tochter. Also war ich vielleicht eine Stunde vor Beginn da, und das Theater war noch ganz leer. Es war niemand da – außer Marilyn Monroe. Bis zur Pause hat niemand sie bemerkt, und auch dann gab es keine Störung.
*FRAGE:* Warum gefiel es denn Marilyn hier so gut?
*STRASBERG:* Sie hatte nie ein Zuhause. Sie wußte nicht, woher sie kam und wohin sie gehörte. Ihr Leben lang wollte sie Teil eines Ganzen sein, ein Teil von etwas, das sie künstlerisch erfüllte und ihr menschlich den Eindruck erlaubte, zu einer Familie zu

gehören. Beides fand sie hier bei uns. In Hollywood war sie nur soviel wert wie ihr Ruf in den Studios. Hier in New York kümmert sich keiner um berufliche Standards, weil es viel zu viele Leute gibt. Hier kommt es mehr darauf an, wer man wirklich ist, als darauf, was die Leute reden. Für viele ist das ein Bedürfnis, sie wollen nicht wie Waren behandelt werden. In Hollywood wurde Marilyn so behandelt, egal wie berühmt sie war. Hier traf sie andere Leute, die beeindruckt waren von ihrer Empfindsamkeit. Sie konnte wirklich sie selbst sein und Sätze sagen, die von ihr stammten und nicht aus Büchern. Die meisten haben alles aus Büchern. Fragt man sie nach Rembrandt oder Michelangelo, dann sprechen sie nach, was sie gelesen haben. Marilyn machte das nicht, obwohl sie gern las. Alles kam bei ihr aus echter persönlicher Erfahrung. Entweder hatte sie eine gemacht oder nicht. Aber sie tat nicht so als ob.
*FRAGE:* Nach Ihren Worten hatte Marilyn Monroe ein besonderes Potential, das sie nur mit wenigen, zum Beispiel mit Marlon Brando, teilte. Können Sie das etwas ausführlicher beschreiben?
*STRASBERG:* Es war ihre besondere Empfindsamkeit, die sie noch nicht bei der Arbeit einsetzen konnte. Sie war unzufrieden mit ihrem Dasein als Star, sie wollte als Schauspielerin einfach mehr bieten. Als sie zu uns kam, lachten die Leute in Hollywood sie aus, und es hieß, unsere Arbeit werde Marilyn Monroe zerstören. Auch über uns wurde gelacht, weil wir Marilyn mehr zutrauten.
*FRAGE:* Woher nahmen Sie denn diese Zuversicht?
*STRASBERG:* Wir gehen nicht danach, was einer bisher gemacht hat. Angenommen, Sie haben ein schönes Klavier, und jemand kommt und spielt darauf. Klingt es schlecht, sagen Sie «Oje!» Aber das liegt nicht am Klavier. Selbst wenn es verstimmt ist und ein bißchen ungepflegt, bleibt es ein tolles Klavier. So ähnlich ist es mit einem Schauspieler, der zu uns kommt. Wir taxieren sein Talent. Wir gehen nicht danach, was er gemacht hat, sondern nur danach, was er womöglich machen könnte. Das meinte ich mit der besonderen Empfindsamkeit, die Marilyn hatte und die nur ganz wenige haben. Sie hatte so viel davon, daß sie mit vielen Leuten Schwierigkeiten deswegen bekam.
*FRAGE:* Sie sagen aber, daß gerade in diesem Punkt Ihr Unterricht hier eine große Hilfe war. Der Schlüssel scheint mir die innere Verbindung zwischen dem Schauspieler und seiner Rolle. Wie vermitteln Sie das?
*STRASBERG:* Zuerst machen wir dem Schauspieler seine Realität bewußt, damit er sie als Ersatz für die Realität der Figur nehmen kann. Das heißt nicht etwa, daß er dasselbe erlebt haben muß, also wenn die Figur tötet, muß er schon mal getötet haben, oder wenn die Figur stirbt, muß er schon mal gestorben sein. Das ist natürlich Unsinn. Es bedeutet nur, daß er von einem anderen Erlebnis dieselbe Erfahrung abzieht, zum Beispiel, daß er jemanden loswerden wollte oder besonders zornig auf jemanden war.

Als nächstes lernt der Schauspieler, diese Technik zu gebrauchen, um damit auf der Bühne die Handlung und Einstellung der Figur zu begründen. Bestimmte grundlegende Erfahrungen hat einfach jeder gemacht. Ein Kind von vier oder fünf Jahren hat Erfahrungen mit dem Tod. Nicht wie ein Erwachsener, der vielleicht weiß, was das ist. Aber oft viel tiefer und heftiger, zum Beispiel beim Tod eines geliebten Tieres. Wenn wir anfangen, mit einem Schauspieler zu arbeiten, gehört so etwas oft zu seinen stärksten Erinnerungen. Er hat sie vergessen, sie sind ihm nicht mehr bewußt, aber wenn wir sie hochholen und ihm bewußt machen, wird er sie auch erneuern können. Diese Erfahrungen haben alle in sich. Der Unterschied liegt in unseren Fähigkeiten, sie auch auszudrücken. Das macht den Maler, Dichter oder Musiker aus: Daß er seine Erfahrungen in bestimmten Formen ausdrücken kann, und das können eben nur sehr wenige. Jeder von uns hat schon einmal gehört, was Beethoven in der Symphonie ‹Pastorale› hörte, also Sturm und schäumendes Wasser oder ähnliche Töne, aber wir machen keine Musik daraus oder beschreiben es nicht, wie Dostojewski in *‹Der Idiot›* so wunderbar diesen Fluß und das Rauschen des Wassers beschrieben hat.

*FRAGE:* Hatte Marilyn Monroe diese Fähigkeit?

*STRASBERG:* Das Entscheidende bei Marilyn Monroe war, daß sie aus dem Nichts kam. Trotz ihrer Schönheit, derentwegen sie ja letztlich auserwählt wurde, hatte sie eigentlich niemanden, als sie jung war. Sie drückte sich merkwürdig aus in ihrer Empfindsamkeit, und die Leute verstanden sie nur, wenn sie versuchte, deren Sprache zu sprechen. Dabei hatte sie diese Fähigkeit, Dinge zu erleben und auch auszudrücken, was sie erlebte, wie sie fühlte – aber nicht, was man von ihr erwartete. Das machte ihr große Schwierigkeiten, aber das macht auch dieses Mystische aus, was von der Leinwand herunterkommt. Diese Ausstrahlung war nie künstlich durch Lichteffekte erzeugt. In Natur hatte sie die auch, sogar noch stärker. Bei den Proben auf der Bühne hatten wir ja keine Scheinwerfer an oder besondere Lichteffekte, und doch schien sie das Licht mit sich herumzutragen. Das lag, glaube ich, daran, daß bei ihr alles zusammenkam in einer Person. Wenn zum Beispiel ein Plattenspieler gut eingestellt und die Nadel sauber ist, hört man wunderbare Musik. Dieselbe Platte auf einem ruinierten Apparat klingt grauenhaft. Wenn in einem Menschen alles zusammenkommt und funktioniert, gibt es diese Ausstrahlung. Die ist elektrisierend. Nur wenige haben das. John Kennedy hatte es auch in gewissem Umfang. Es war nicht einfach das, was er tat. Aber wenn er so dastand, wollte man bei ihm sein, zu ihm gehören und an ihn glauben. Selbst wenn man ihm nicht alles glaubte.

*FRAGE:* Überwogen nach Ihrer Ansicht in Marilyn Monroe die starken, durchsetzungsfähigen Anteile oder die schwachen?

*STRASBERG:* Marilyn hatte keine Macht über andere. Sie hatte eine Bestimmung, und die fühlte sie auch. Aber in ihrem Leben gab es lange Zeit nichts, was sie sicher

machen konnte, was ihr Vertrauen in diese Bestimmung gab. Das fing erst hier in ihrer New Yorker Zeit an. Sie wurde sicherer in ihrem Gefühl und ihrer Meinung, sie erkannte ihr Recht auf eigene Gefühle und eine eigene Meinung, und sie glaubte nicht mehr, daß alles nur Quatsch sei, was von ihr kam. Wenn sie hätte lernen können, mit sich selbst umzugehen, sich auszudrücken, dann hätten andere an ihren Möglichkeiten teilhaben können, die nicht so empfindsam waren wie sie. Viele Künstler haben dieses Problem, aber die meisten arbeiten allein. Der Dichter schreibt bei sich zu Hause, keiner interessiert sich zunächst. Was zählt, ist das Manuskript. Der Komponist genauso, er kann verrückt sein, das sieht ja keiner. Was zählt, ist die Musik. Bei Schauspielern ist das anders. Man arbeitet zusammen, und man sieht die Arbeit, nicht das Ergebnis. Das sieht man erst viel später. Erst sieht man die Probleme, den Ärger, die Verspätungen und die Launen. Marilyn rennt von der Bühne, und keiner weiß, warum. Man kann nicht nachvollziehen, was in ihr geschieht, und dann heißt es einfach, sie sei launisch. Marilyn war empfindsam, und sie hatte nicht den Hintergrund oder die Vorgeschichte, nach der sie damit umgehen konnte. Deshalb war sie besonders anfällig für den Druck, unter dem die Dreharbeiten immer standen, anfälliger als jemand, der in besserer Umgebung und mit mehr Anleitung aufgewachsen war.
*FRAGE:* War Marilyn Monroe nur ein Spielball Hollywoods, oder wollte sie nicht selbst gern der Star werden, der sie dann war?
*STRASBERG:* Natürlich. In jedem, der zum Film geht, steckt die Hoffnung und die Sehnsucht, ein Star zu werden. Marilyn tat mit fünf Jahren so, als sei sie Mary Pickford. Aber dann hat ihr der Ruhm doch nicht gebracht, was sie sich davon versprochen hatte. Das Publikum blickte zu ihr auf, aber sie hatte nicht das Gefühl, daß es ihr Verdienst war, daß sie genug dafür getan hatte. Sie wollte mehr dafür tun, aber lange wußte sie nicht, was.
*FRAGE:* Konnte sie das beim Film überhaupt erreichen?
*STRASBERG:* Die Arbeit beim Film ermutigte sie nicht zum Einsatz ihrer Empfindsamkeit. Beim Film wird nicht genug darauf geachtet, wie gut jemand ist. Solange es einigermaßen geht, sagt man o. k., das Schlechte schneiden wir sowieso weg. Marilyns Möglichkeiten ließen sich nur in einer Ausbildung fürs Theater freilegen.
*FRAGE:* Nachdem sie bei Ihnen war, ließ sich Marilyn Monroe zu Dreharbeiten von Ihrer Frau, Paula Strasberg, begleiten. Warum?
*STRASBERG:* Natürlich wollte Marilyn gerne in ihrem nächsten Film zeigen, was sie hier gelernt hatte, und sie traute sich das alleine nicht ganz zu. Deswegen bat sie meine Frau um Unterstützung. Der Druck am Drehort erschütterte sie immer so schnell, daß sie alle guten Vorsätze vergaß, und das konnte sie besser zusammen mit meiner Frau bewältigen als alleine. Zum Beispiel bei dem Film ‹Der Prinz und das Showgirl› mit Laurence Olivier. Da sollte sie spielen wie Oliviers Frau, Vivien Leigh,

die auf der Bühne diese Rolle hatte. Marilyn war ganz ratlos, und so ging meine Frau nach vorne und sagte: «Das geht nicht, das kann sie nicht!» Laurence Olivier dachte von da an, Marilyn sei die falsche Besetzung, und war sehr überrascht, als er ihre Leistung und ihre Wirkung im Film sah. Sie hatte nicht Vivien Leigh nachgemacht, sondern ihre eigene Interpretation geliefert. Und sie bekam den Beifall, nicht er.

*FRAGE:* War der Tod von Marilyn Monroe für Sie eine Überraschung?

*STRASBERG:* Nein, wohl ein Schock. Bei einem so empfindsamen Menschen ist nichts überraschend, denn er folgt nicht irgendeiner Linie, irgendeinem geraden Weg. Sie war durch viele Krisen gegangen, aber dann fing sie gerade an, ihre eigenen Entscheidungen zu treffen. Aber da war es zu spät.

*FRAGE:* Was kann Marilyn Monroe jugendlichen Zuschauern und Lesern heute bedeuten?

*STRASBERG:* Das Beste an Marilyn Monroe ist ihr Triumph über Widrigkeiten. Die meisten denken doch, man müßte aus einer guten Familie kommen, man muß protegiert werden und es hinten und vorne reingesteckt kriegen, um ein Star zu werden. Marilyn hatte nichts davon, keiner half ihr am Anfang. Sie sah nicht mal aus wie Marilyn Monroe.

*FRAGE:* Wen könnte man heute mit ihr vergleichen?

*STRASBERG:* Niemanden. Heute nicht und damals auch nicht.

*FRAGE:* Warum nicht? Was hatte sie denn anderen voraus?

*STRASBERG:* Ich weiß nicht. Was hatte sie, was andere nicht hatten? Was unterscheidet einen Apfel von einer Apfelsine? Die Tatsache, daß es ein Apfel ist. Das schmeckt man. Ich bin gegen diese Versuche, alles zu erklären. Ein großer englischer Dichter, Samuel Johnson, sagte dazu: «Jeder weiß, was Licht ist. Aber versuch mal zu erklären oder zu beschreiben, was es ist. Unmöglich.» Marilyn hatte dieses Licht. Ich nenne es so, für Sie mag es wieder etwas anderes sein.

*FRAGE:* Und warum meinen Sie, Marilyn hatte das?

*STRASBERG:* Ich meine das gar nicht. Das Publikum meint es. Fragen Sie doch das Publikum!

# *Filmographie*

Wenn man die Liste dieser dreißig Filme liest wie einen Fahrplan, dann fällt zweierlei auf: Zum einen die Klettertour von Marilyn Monroe vom unteren Ende der Darstellerliste bis ganz nach oben. Zum anderen die Beständigkeit, mit der immer wieder die gleichen Mitarbeiter an Marilyns Filmen gearbeitet haben. Außerdem läßt sich verfolgen, wie Marilyn Monroe zuerst von 20th Century-Fox ausgebeutet wurde, während sie nach ihrem Vertrag mit Greene wesentlich seltener auftrat. Das Maß, in dem sie zunehmend ernst genommen wurde, läßt sich auch ablesen an der Auswahl berühmter Regisseure und Schauspieler zum Ende ihrer Karriere und ihres Lebens hin.

**Scudda Hoo! Scudda Hay! (1948)**
20th Century-Fox – Technicolor. Regie: F. Hugh Herbert. Buch: F. Hugh Herbert nach einem Roman von George A. Chamberlain. Darsteller: June Haver, Lon McAllister. Marilyn hatte zwar mitgespielt, aber die Szenen mit ihr fielen einer Kürzung zum Opfer.

**Dangerous Years (1948)**
20th Century-Fox. Regie: Arthur Pierson. Buch: Arnold Belgard. Darsteller: William Halop, Ann E. Todd, Jerome Cowan, Marilyn Monroe.

**Ladies of the Chorus (1948)**
Columbia. Regie: Phil Karlson. Buch: Harry Sauber und Joseph Carol, nach einer Erzählung von Harry Sauber. Kamera: Frank Redman. Musik: Mischa Bakaleinikoff. Choreographie: Jack Boyle. Darsteller: Adele Jergens, Rand Brooks, Nana Bryant, Marilyn Monroe.

**Love Happy (1950)**
United Artists. Produktion: Mary Pickford. Regie: David Miller. Buch: Frank Tashlin und Mac Benoff, nach einer Erzählung von Harpo Marx. Kamera: William C. Meller. Musik: Ann Bonell. Darsteller: Harpo, Chico und Groucho Marx, Ilona Massey, Vera Ellen, Marilyn Monroe.

**A Ticket to Tomahawk (1950)**
20th Century-Fox, Technicolor. Regie: Richard Sale. Buch: Mary Loos und Richard Sale. Kamera: Harry Jackson. Musik: Cyril Mockridge. Darsteller: Dan Dailey, Anne Baxter, Rory Calhoun, Walter Brennan, Connie Gilchrist, Marilyn Monroe.

**The Asphalt Jungle (1950)**
MGM. Regie: John Huston. Buch: Ben Maddow und John Huston, nach dem Roman von W. R. Burnett. Kamera: Harold Rossen. Musik: Miklos Rosza. Darsteller: Sterling Hayden, Louis Calhern, Jean Hagen, Sam Jaffe, James Whitmore, John McIntire, Marilyn Monroe.

**All about Eve (Alles über Eva, 1950)**
20th Century-Fox. Produktion Darryl F. Zanuck. Regie: Joseph Mankiewicz. Buch: Joseph Mankiewicz, nach einem Roman von Mary Orr. Kamera: Milton Krasner. Musik: Alfred Newman. Darsteller: Bette Davis, Anne Baxter, George Sanders, Celeste Holm, Gary Merrill, Hugh Marlowe, Thelma Ritter, Barbara Bates, Marilyn Monroe

**The Fireball (1950)**
20th Century-Fox for Thor Production. Regie: Tay Garnett, Buch: Tay Garnett und Horace McCoy. Kamera: Lester White. Musik: Victor Young. Darsteller: Mickey Rooney, Pat O'Brien, Beverly Tyler, Marilyn Monroe.

**Right Cross (1950)**
MGM. Regie: John Sturges. Buch: Charles Schnee. Kamera: Norbert Brodine. Musik: David Raskin. Darsteller: June Allyson, Dick Powell, Ricardo Montalban, Lionel Barrymore, Marilyn Monroe.

**Hometown Story (1951)**
MGM. Regie: Arthur Pierson. Buch: Arthur Pierson. Kamera: Lucien Andriot. Musik: Louis Forbes. Darsteller: Jeffrey Lynn, Donald Crisp, Marjorie Reynolds, Alan Hale jr., Marilyn Monroe.

**As Young as you Feel (1951)**
20th Century-Fox. Regie: Harmon Jones. Buch: Lamar Trotti, nach einer Erzählung von Paddy Chayefsky. Kamera: Joe Mac Donald. Musik: Cyril Mockridge. Darsteller: Monty Wooley, Thelma Ritter, David Wayne, Jean Peters, Constance Benett, Albert Dekker, Marilyn Monroe.

**Love Nest (1951)**
20th Century-Fox. Regie: Joseph Newman. Buch: I. A. L. Diamond, nach einem Roman von Scott Corbett. Kamera: Lloyd Ahern. Musik: Cyril Mockridge. Darsteller: June Haver, William Lundigan, Frank Fay, Jack Paar, Marilyn Monroe.

**Let's Make it Legal (1951)**
20th Century-Fox. Regie: Richard Sale. Buch: F. Hugh Herbert und I. A. L. Diamond, nach einer Erzählung von Mortimer Braus. Kamera: Lucien Ballard. Musik: Cyril Mockridge. Darsteller: Claudelle Colbert, Macdonald Garey, Zachary Scott, Barbara Bates, Robert Wagner, Marilyn Monroe.

**Clash by Night (1952)**
RKO für Jerry Wald-Norman Krasna Production. Regie: Fritz Lang. Buch: Alfred Hayes, nach einem Stück von Clifford Odets. Kamera: Nicholas Musuraca. Musik: Roy Webb. Darsteller: Barbara Stanwyck, Paul Douglas, Robert Ryan, Marilyn Monroe.

**We're not Married (1952)**
20th Century-Fox. Regie: Edmund Goulding. Buch: Nunnally Johnson, nach einer Erzählung von Gina Kaus und Jay Dratler. Kamera: Leo Tover. Musik: Cyril Mockridge. Darsteller: Ginger Rogers, Fred Allen, Victor Moore, David Wayne, Eve Arden, Paul Douglas, Eddie Bracken, Mitzi Gaynor, Louis Calhern, Zsa Zsa Gabor, Marilyn Monroe.

**Don't Bother to Knock (1952)**
20th Century-Fox. Regie: Roy Baker. Buch: Daniel Taradash, nach einem Roman von Charlotte Armstrong. Kamera: Lucien Ballard. Musik: Lionel Newman. Darsteller: Richard Widmark, Anne Bancroft, Marilyn Monroe, Donna Corcoran, Jim Backus, Elisha Cook jr.

**Monkey Business (1952)**
20th Century-Fox. Regie: Howard Hawks. Buch: Ben Hecht, Charles Lederer und I. A. L. Diamond, nach einer Idee von Harry Segall. Kamera: Milton Krasner. Musik: Leigh Harline. Darsteller: Cary Grant, Ginger Rogers, Charles Coburn, Marilyn Monroe, Hugh Marlowe.

**O'Henry's Full House (1952)**
20th Century-Fox. Regie: Henry Koster. Buch: Lamar Trotti, nach den Novellen von O'Henry. Kamera: Lloyd Ahern. Musik: Alfred Newman. Darsteller: Charles Laughton, David Wayne, Marilyn Monroe.

**Niagara (Niagara, 1953)**
20th Century-Fox. Regie: Henry Hathaway. Buch: Charles Brackett, Walter Reisch und Richard Breen. Kamera: Joe MacDonald. Musik: Sol Kaplan. Darsteller: Joseph Cotten, Marilyn Monroe, Jean Peters, Casey Adams.

**Gentlemen Prefer Blondes (Blondinen bevorzugt, 1953)**
20th Century-Fox. Regie: Howard Hawks. Buch: Charles Lederer, nach dem Musical von Joseph Fields und Anita Loos. Kamera: Harry J. Wild. Musik: Lionel Newman. Choreographie: Jack Cole. Darsteller: Jane Russell, Marilyn Monroe, Charles Coburn, Elliott Reid, Tommy Noonan, Marcel Dalio.

**How to Marry a Millionaire (Wie angelt man sich einen Millionär? 1953)**
20th Century-Fox. Cinemascope-Technicolor. Regie: Jean Negulesco. Buch: Nunnally Johnson, nach dem Stück von Zoe Akins, Dale Funson und Katherine Albert. Kamera: Joe MacDonald. Musik: Alfred Newman und Cyril Mockridge. Darsteller: Marilyn Monroe, Betty Grable, Laureen Bacall, William Powell, David Wayne, Rory Calhoun, Cameron Mitchell, Alex d'Arcy.

**River of no Return (Fluß ohne Wiederkehr, 1954)**
20th Century-Fox. Cinemascope-Technicolor. Regie: Otto Preminger. Buch: Frank Fenton, nach einer Idee von Louis Lantz. Kamera: Joseph La Shelle. Musik: Cyril Mockridge. Choreographie: Jack Cole. Darsteller: Robert Mitchum, Marilyn Monroe, Rory Calhoun, Tommy Retting.

**There's no Business Like Showbusiness (Rhythmus im Blut, 1954)**
20th Century-Fox. Cinemascope de Luxe. Regie: Walter Lang. Buch: Phoebe und Henry Ephron, nach einer Idee von Lamar Trotti. Kamera: Leon Shamroy. Musik: Alfred und Lionel Newman. Choreographie: Robert Alton. Darsteller: Ethel Merman, Donald O'Connor, Marilyn Monroe, Dan Dailey, Johnnie Ray, Mitzi Gaynor.

**The Seven Year Itch (Das verflixte siebente Jahr, 1955)**
20th Century-Fox. Regie: Billy Wilder. Buch: Billy Wilder und George Axelrod, nach einem Stück von George Axelrod. Kamera: Milton Krasner. Musik: Alfred Newman. Darsteller: Marilyn Monroe, Tom Ewell, Evelyn Keyes, Sonny Tufts, Butch Bernard, Victor Moore.

**Bus Stop (1956)**
20th Century-Fox. Cinemascope de Luxe. Regie: Joshua Logan. Buch: George Axelrod, nach einem Stück von William Inge. Kamera: Milton Krasner. Musik: Alfred Newman und Cyril Mockridge. Darsteller: Marilyn Monroe, Don Murray, Arthur O'Connel, Betty Field, Eileen Heckart.

**The Prince and the Showgirl (Der Prinz und die Tänzerin, 1957)**
Warner Bros. für Marilyn Monroe Productions Inc. und L. O. P. Ltd. Technicolor. Regie: Laurence Olivier. Buch: Terence Rattigan, nach seinem Bühnenstück. Kamera: Jack Cardiff. Musik: Richard Adinsell. Choreographie: William Chapell. Darsteller: Marilyn Monroe, Laurence Olivier, Sybil Thorndike.

**Some Like it Hot (Manche mögen's heiß, 1959)**
United Artists für Mirish Company. Regie: Billy Wilder. Buch: Billy Wilder und I. A. L. Diamond, nach einer Idee von Robert Thoeren und M. Logan. Kamera: Charles Lang jr. Musik: Adolf Deutsch. Darsteller: Marilyn Monroe, Tony Curtis, Jack Lemmon, George Raft, Pat O'Brien, Joe E. Brown.

**Let's Make Love (Machen wir's in Liebe, 1960)**
20th Century-Fox. Cinemascope de Luxe. Regie: George Cukor. Buch: Norman Krasna. Kamera: Daniel L. Fapp. Musik: Lionel Newman. Choreographie: Jack Cole. Darsteller: Marilyn Monroe, Yves Montand, Tony Randall, Frankie Vaughan, Wilfried Hyde-White.

**The Misfits (Misfits – Nicht gesellschaftsfähig, 1961)**
United Artists für Seven Arts Productions. Produktion: John Huston. Regie: John Huston. Buch: Arthur Miller. Kamera: Russell Metty, Musik: Alex North. Darsteller: Clark Gable, Marilyn Monroe, Montgomery Clift, Thelma Ritter, Eli Wallach.

**Something's Got to Give (1962)**
20th Century-Fox. Regie: George Cukor. Buch: Nunnally Johnson. Darsteller: Marilyn Monroe, Dean Martin, Cyd Charisse, Phil Silvers, Wally Cox.
Dieser Film wurde nach Marilyns Tod nicht fertiggestellt und kam nie ins Kino.

## Sich als ernsthafte Schauspielerin aufbauen

Marilyn Monroe ging zweimal in der Woche zu Strasberg, der ihr zuerst Einzelunterricht gab. Das entsprach gar nicht seinen Grundsätzen, er war eigentlich der Ansicht, Schauspieler müßten in Gruppen arbeiten. Zugleich sah er die große Schwierigkeit für Marilyn, sich als berühmte Persönlichkeit in eine seiner Gruppen einzuordnen, und ließ ihr eine Übergangszeit. Er wechselte einfache Übungen mit Szenenarbeit an klassischen oder auch neueren Stücken ab. Strasberg arbeitete viel mit Gesangsübungen. Er befreite damit die Schüler von ihrer anfänglichen Befangenheit und brachte ihnen Entspannung bei. Marilyn ließ er zum Beispiel ein Lied singen, bei dem sie ihren Körper möglichst nicht bewegen sollte. Die ganze Anspannung und Nervosität konnte so durch den Gesang fließen wie ein Energiestrom, anstatt in unnützem Gefuchtel zu verpuffen.
Eine andere Übung, für die Strasberg berühmt ist, «sense memory», bedeutet eine kleine Reise in die Kindheit. Marilyn mußte die Augen zumachen, sich möglichst intensiv an ein Ereignis von früher erinnern und es ganz nah an ihre Gegenwart heranholen, indem sie ihre Erinnerungen und Gefühle aussprach. Sie sollte sich noch einmal so aufregen wie damals in ihrer Kindheit, um ein entsprechendes Gefühl in einer Rolle spielen zu können.
Strasberg arbeitete nach Grundprinzipien, die der russische Regisseur und Theoretiker Stanislawskij entwickelt hatte: Rechtfertigung, das heißt, vollständige Erklärung des Handelns der Figur aus Vorgeschichte, Logik und Charakter; Objektwahrnehmung, das heißt Erfassen der Wege, Bauten und Requisiten auf der Bühne bis zum selbstverständlichen Umgang damit; Konzentration und Kontakt, das heißt Versenken in die Rolle, bis die Übergänge zwischen der eigenen Existenz und der Figur fließend werden. Strasberg fand schnell heraus, daß Marilyn sehr ansprechbar war auf diese Ideen, daß ihre Möglichkeiten sehr dicht unter ihrer getünchten Oberfläche lagen, und er wunderte sich, daß niemand vor ihm das bemerkt hatte.
Bald hatte Marilyn so große Fortschritte gemacht, daß Strasberg sie

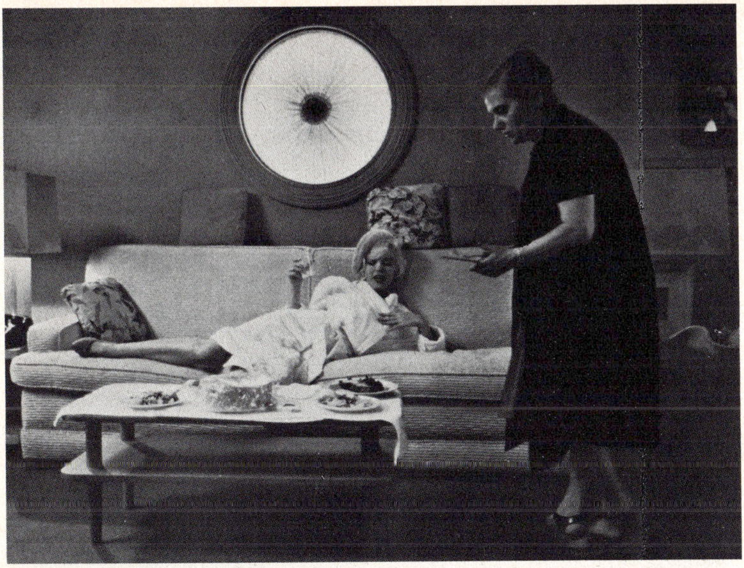

*Chefin auf dem Sofa: Marilyn läßt sich von Paula Strasberg nach Strich und Faden verwöhnen.*

*Eine Schülerin wie jede andere: Marilyn Monroe (hinten links) in der Schauspiel-klasse von Lee Strasberg (vorn Mitte).*

*Joe aus dem Abseits: Er kommt nach New York . . .*

mitnahm zur Gruppenarbeit im *Actors Studio.* Sie war mehr und mehr auch abends in Schauspielerkreisen zu finden. Eli Wallach gehörte mit seiner Frau zu ihren neuen Freunden; bei Elia Kazan erschien sie zum Cocktail. Nur der Zufall verhinderte noch eine Weile ihr Wiedersehen mit Arthur Miller, der als Autor eng mit den Ideen des *Actors Studio* verbunden war. Kazan hatte seine ersten Stücke inszeniert.

Am 1. Juni 1955 gab es in einem großen New Yorker Kino die Welturaufführung von ‹*The Seven Year Itch*›. Die Centfox hatte mit Bedacht diesen Termin gewählt. Es war Marilyns neunundzwanzigster Geburtstag. Hollywood und die jüngste Vergangenheit kamen herüber in den verspotteten Osten der USA, um in aller Vorsicht Marilyn ihre Reverenz zu erweisen. Dazu gehörte auch der Besuch Joe di Maggios. Er hielt sich ein paar Tage in New York auf und begleitete Marilyn zur Premiere. Anschließend gab er ein Essen für sie in seinem Stammlokal.

Für Marilyns Verspätung zu Beginn der Kinovorstellung soll es mehr als die üblichen Gründe von Zurechtputzen bis Realitätsverlust gegeben haben. Da ihr Partner im Film, Tom Ewell, lange, gelungene Passagen hatte, die von der Kritik begeistert aufgenommen worden waren, wollte Marilyn auf ihre Weise die Aufmerksamkeit des Publikums etwas gerechter verteilen. Mit Erfolg, denn als sie zwanzig Minuten nach Beginn der Vorstellung das Kino betrat, feuerten die Fotografen ihre Blitzlichter im dunklen Saal ab, und die Zuschauer drehten sich nach ihr um. Tom Ewells tolle Monologe liefen unbeachtet durch den Projektor.

Bei der anschließenden Feier im ‹*Toots Shor's*› kriegten sich Joe und Marilyn bald in die Haare, und sie lief davon. Gerade kamen die Zeitungen heraus, und sie konnte die Kritiken studieren. Sie waren immerhin gemischt. Vor allem die seriöse ‹*New York Times*› war durchaus bereit, ihr eine Chance zu geben. Ihre verführerische Schönheit habe den Mangel an Tiefe in ihrem Spiel mehr als ausgeglichen, und was vielleicht abfällig klinge, sei nur zur Ermunterung gedacht. Sicher eine Besprechung, die nicht nur nach dem Film, sondern auch nach Informationen über Marilyns Pläne und Fortschritte bei Strasberg ging. Während im Hintergrund ihr Partner Milton Greene an neuen Verträgen mit Centfox feilte und zusah, daß er jeden Monat das nötige Geld zusammenbekam, baute Marilyn sich zusehends als ernsthafte Schauspielerin auf, die zu den Intellektuellen in New York besser passen wollte als zu den Voyeuren und Geldschneidern in Hollywood. Und da Joe di Maggio ernüchtert und abgeschlagen nach San Francisco zurückgeflogen war, kündigte sich eine private Ergänzung dieses neuen Programms an.

## Arthur Miller oder: Zu einer Liebesgeschichte gehören zwei

Auf einer der vielen Stehparties stand endlich wieder Arthur Miller genauso lässig an die Wand gelehnt wie vor fünf Jahren auf dem Studiogelände von Centfox. Ihre Einsamkeit ohne Partner, ihr Überdruß mit Joes einfachem Fernsehgemüt und ihre Suche nach einer neuen Rolle für sich selbst müssen Marilyn geradezu Miller in die Arme getrieben haben. Aber zu einer Liebesgeschichte gehören zwei. Miller war verheiratet. Seine Frau Mary war die eigentliche Intellektuelle in der Familie. Sie hatte seinen Aufstieg als Dramatiker lange finanziert, zuerst als Kellnerin, später als Lektorin in einem New Yorker Verlag. Sie war belesen und wußte in Kultur wie in der Politik gleich gut Bescheid. Ihre beiden Kinder erzog sie katholisch. Wenn man sieht, wie Miller schon die Figuren seiner frühen Stücke aus dem unmittelbaren Erfahrungsbereich abgeschrieben hat, kann man seinen Weg von der ersten Begegnung mit Marilyn bis zur Entscheidung für sie in den neueren Dramen nachlesen.

Hatte er in ‹*Tod eines Handlungsreisenden*› seinen Schwiegervater porträtiert, einen Versicherungsvertreter, und in ‹*Alle meine Söhne*› seine Mutter, so offenbaren ‹*Hexenjagd*› und ‹*Blick von der Brücke*› den Verfall seiner Ehe. Die kurze Affäre mit Marilyn damals in Hollywood war vielleicht der Auslöser, sicher nicht der Grund. In dem einen Drama behandelt Miller den Ehebruch, im anderen die

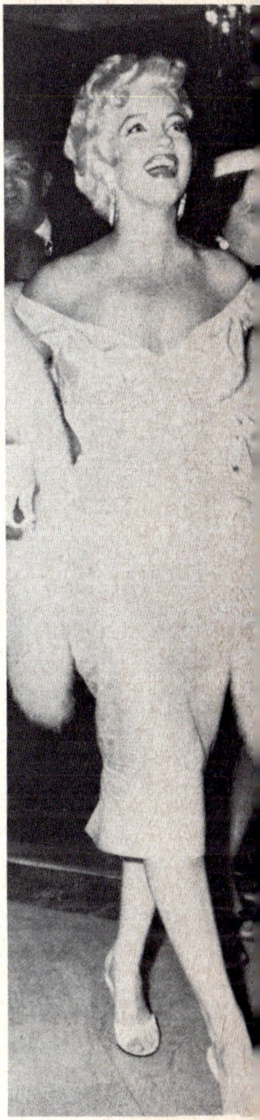

*... und begleitet Marilyn zur Premiere von ‹Das verflixte siebente Jahr›.*

1955
Wiedersehen mit Arthur Miller

Scheidung, und obwohl fünf Jahre vergangen waren, hatte Miller Marilyn womöglich nie vergessen, und es bedurfte keiner besonders neuen Einstellung, wenn er sich ihr wieder zuwandte. Er war all die Jahre bei seiner Familie geblieben, halb aus Pflichtgefühl, halb aus Resignation. Wollte er sich an Marilyns Haaren aus diesem Sumpf ziehen? Fast scheint es so, denn irgendwelche äußerlichen Motive wie sein Prestige in Amerika, der Erfolgszwang eines Prominenten, dem nichts mehr einfällt, scheiden aus.
In beider Interesse hielten Marilyn und Miller ihre Beziehung lange geheim. Auch nach ihrem Wiedersehen auf der Stehparty gingen sie nicht zusammen weg. Eli Wallach brachte Marilyn nach Hause, und es dauerte zwei Wochen, bis Miller sie anrief. Er hatte sich bei Strasbergs ihre Nummer besorgt, und da er kein eigenes Apartment hatte, schlug er ihr vor, zusammen zu Hedda und Norman Rosten zu gehen, mit denen er eng befreundet war. Miller wohnte noch immer zu Hause. Schuldgefühle gegenüber seiner Frau und eine gehörige Portion Geiz verboten ihm, einfach eine zweite Wohnung zu mieten. Greenes Haus in Connecticut, Strasbergs Landsitz auf Fire Island und Rostens Wochenendlaube auf Long Island waren abwechselnd Schauplatz der geheimen Verabredungen. Es dauerte nicht lange, daß aus Geflüster Gerüchte wurden und aus Klatsch Gewißheit bei vielen Reportern. Dennoch überließen sie es Marilyn und Miller, wann eine Nachricht daraus werden sollte.

## Ein sensationeller Vertrag mit Centfox

Marilyn erlebte den schönen Herbst von Neuengland, sie fuhr mit Miller in die Wälder und begann, sich im *Actors Studio* wie zu Hause zu fühlen. Es gab niemanden mehr, der über den Star aus dem Westen die Nase rümpfte, aber es gab auch noch keinen neuen Vertrag mit einer der großen Filmgesellschaften. Die Schulden der Marilyn-Monroe-Company waren auf zwanzigtausend Dollar angewachsen, Milton Greene hatte seine Kreditmöglichkeiten ausgeschöpft, und niemand wollte ihm Anteile an der Gesellschaft abkau-

*Erleichtert an Miller geschmiegt: Marilyns Anspannung aus den letzten Monaten mit dem Abschied von Hollywood und von Joe di Maggio löst sich in erschöpftes Lachen auf. Arthur Miller bleibt nachdenklich. Er ist noch verheiratet und hat einige Probleme zu lösen, die er lange aufgeschoben hat.*

fen. Nicht einmal Miller, der einfach gegen Geschäfte zwischen Mann und Frau war.
Hatte Centfox doch den längeren Atem? Nein. Ausgerechnet so kurz vor Greenes Kapitulation machte sich Darryl Zanuck in Hollywood selbständig, die Centfox bekam einen neuen Produktionsleiter, und der war entschlossen, Marilyn zurückzuholen. Das Studio hatte eine halbe Million Dollar für einen neuen Stoff bezahlt, und für die Hauptrolle gab es nur eine Wahl: Marilyn Monroe. Mit seinem Anwalt Delaney verbrachte Greene einige Nächte, um einen Vorschlag auszuarbeiten.

**Dezember 1955**
Vertrag zwischen Marilyn-Monroe-Productions und 20th Century-Fox

Am 31. Dezember 1955 wurde der Vertrag unterschrieben. Er hatte 85 Seiten und enthielt die Bedingungen, die Marilyn und Greene sich gewünscht hatten: Für vier Filme innerhalb von sieben Jahren je einhunderttausend Dollar. Mindestens ein Film auf eigene Rechnung pro Jahr. Sechs Fernsehshows. Für Arbeiten bei der Centfox fünfhundert Dollar Spesen wöchentlich. Außerdem zahlte das Studio der Firma unter verschiedenen Vorwänden dreihundertfünfzigtausend Dollar sofort. Auch künstlerische Forderungen wurden erfüllt. Marilyn durfte bei der Auswahl der Regisseure und über eine verdeckte Klausel auch über die Drehbücher mitbestimmen. Noch nie in der Geschichte der großen Studios in Hollywood hatte es für eine Schauspielerin einen ähnlichen Vertrag gegeben.

## ‹Bus-Stop›

Marilyn wünschte sich Joshua Logan als Regisseur für ihren nächsten Film *‹Bus Stop›*, eine naheliegende Wahl, denn er hatte schon das Bühnenstück am Broadway inszeniert.
In *‹Bus Stop›* fährt ein unerfahrener, gutaussehender Jüngling vom Land nach Phoenix in Arizona, um an einem Rodeo teilzunehmen und eine Frau zu finden. Schließlich entführt er, mit ernsten Absichten, eine Sängerin aus dem Nachtklub, und diese Cherie spielte Marilyn Monroe.
Für Marilyn Monroe hatte Logan noch weitere Vorzüge im Ver-

*Die Schauspielerin: In ‹Bus Stop› kann Marilyn zeigen, was sie an Körpersprache und Ausdruck bei Strasberg gelernt hat.*

gleich zu anderen renommierten Regisseuren. Der wichtigste war seine Herkunft. Logan war der einzige amerikanische Regisseur, der noch selbst bei Stanislawskij gelernt hatte. Mit dreiundzwanzig Jahren, also 1931, war er ein Schüler des Altmeisters in Moskau. Er sah ihm bei der Arbeit im Theater zu und nahm Stunden in seiner Wohnung. Stanislawkij probte bis zu sechs Monaten und überließ nichts dem Zufall. Zugleich aber wartete er geduldig auf die Entfaltung einer echten Empfindung im Schauspieler, die dann fixiert und wiederholt werden konnte. Joshua Logan war mit den Strasbergs befreundet und schätzte das *Actors Studio* sehr. Er war von der Vorgeschichte her der ideale Regisseur für Marilyn in ihrer augenblicklichen Lage.

Zusätzlich bat sie Paula Strasberg, nach Hollywood mitzukommen und ihr zwischen den Aufnahmen zu helfen. Natasha Lytess erhielt einen kurzen Brief aus dem Anwaltsbüro der Centfox, in dem man ihr mitteilte, daß ihre Dienste nicht mehr gebraucht würden. Marilyn hatte tiefe Schuldgefühle gegenüber dieser Frau und vermied alles in Los Angeles, was sie zusammenführen könnte. Zugleich hatte sie aber mit dem Schwung der New Yorker Intellektuellen im Rücken wieder einmal jemanden einfach fallengelassen, der für sie nicht mehr verwertbar schien. Egal, was die Lytess bis dahin für Marilyn bedeutet hatte, egal, wie hart sie dieser Rausschmiß ankam. Auch in diesem Fall ging Marilyn Monroe wie bisher mit den Menschen in ihrer Nähe nach Verwertungsmaßstäben um, und Natasha Lytess blieb dabei nicht die letzte, die hinten herunterfiel.

## Die unnahbare Künstlerin

Vor ihrer Abreise aus New York hatte Marilyn Monroe als Präsidentin ihrer Gesellschaft noch eine Pressekonferenz einberufen. Das war jetzt ihre Art, mit Journalisten umzugehen. Königlich verwehrte sie einzelnen Reportern Interviews oder Fototermine. Auf dieser Pressekonferenz wurde sie entsprechend angegiftet. Dabei hatte sie ein vielversprechendes Projekt vorzustellen. Nach ‹*Bus Stop*› wollte sie zusammen mit Laurence Olivier in London ‹*The Prince and the Showgirl*› drehen, ebenfalls ein Theatererfolg wie damals die meisten Hollywoodfilme, von Western abgesehen. Laurence Olivier wurde auf der Pressekonferenz gefragt, warum nicht wie auf der Bühne seine Frau, Vivien Leigh, die weibliche Hauptrolle spiele. Als Olivier verlegen zu antworten begann, fiel ihm Marilyn ins Wort und stellte klar, daß ihre Gesellschaft die Rechte an diesem Stoff habe und basta.
Sicher gingen solche Härten weit über ihre wirklichen Möglichkeiten hinaus. So sehr hatte sie sich nicht gewandelt und hatte ihre Sicherheit nicht zugenommen, daß sie die kürzlich noch ganz wohl-

wollende Presse völlig verprellen durfte. Daß sie die Journalisten, die sie nach ihrer Flucht aus Hollywood unterstützt hatten, nun mit ihrem neuen Vertrag nicht mehr brauchen würde, gehörte zu ihren Irrtümern. Zu ihrem Glück hatte sich der Skandal noch nicht bis in den Westen herumgesprochen, als sie nach Los Angeles kam.
Nur der Empfang in Korea war noch verrückter als der in Hollywood, als Marilyn Monroe nach sechzehn Monaten wieder auf dem International Airport landete. Es dauerte zwei Stunden, bis sie sich durch die Menge und die komplett versammelte Presse gewühlt hatte und im Auto saß.
Hollywood merkte schnell, daß eine andere zurückgekommen war als die zweifelnde und von Zanuck beherrschte Vertragsschauspielerin. Zwischen nachlässiger Überlegenheit und grober Arroganz lag jetzt Marilyns Bandbreite gegenüber Kollegen und sogar Regisseuren. Von Bühnenarbeitern ganz zu schweigen. Statt daß sich Milton Greene wie ein Lottogewinner vorkam, tat er zusammen mit seiner Frau und Paula Strasberg so, als führten sie den beschränkten Cowboys in der Wüste eine elegante, kultivierte und erhabene Fee aus der Stadt vor, und Marilyn gefiel sich in der Rolle. Sie war nun die unnahbare Künstlerin, an der Hollywoods bescheidener Rest in Zukunft zu messen war.
Währenddessen fuhr Miller nach Reno, um die formellen Voraussetzungen für seine Hochzeit mit Marilyn zu schaffen. Er ließ sich scheiden.

## Dreharbeiten zu ‹Bus Stop›

Joshua Logan begann mit Vorgesprächen und drehte dann ziemlich viel Material herunter, auf dem er Marilyn ihren Ausdruck suchen und finden ließ. Er scheute weder Meter noch Minuten und bekam dafür das beste Spiel, das Marilyn bis dahin geboten hatte. Selbst zu einer Aufnahme in der «Magischen Stunde» konnte er sie bringen, obwohl ihr die Erinnerung an die Episode bei Preminger Alpträume bereitete. Wieder kam sie entsprechend spät zur Aufnahme, die nur einige Minuten lang möglich war, und der gehetzte Eindruck, den sie in der Szene so natürlich macht, rührt von ihrem Dauerlauf zum Drehort und Logans Flüchen. Es paßte zufällig.

Die Außenaufnahmen fanden in Phoenix, Arizona, statt. Eine der schwierigsten Szenen für Marilyn war eine Busfahrt, auf der sie fast im Monolog die Geschichte ihrer Entführung, ihrer verschiedenen Beziehungen und ihre Sehnsüchte ausbreiten sollte. Wahrhaftig ein Stück Arbeit, und Joshua Logan hatte sie wohl doch überschätzt. Diese fast theatermäßige Passage brachte Marilyn nicht. Logans dauernde Unterbrechungen und szenische Umbauten machten sie zusätzlich fertig. Paula Strasberg griff ein und bat um mehr Zeit für Marilyn. Logan brach ab und dachte sich für den nächsten Tag einen Trick aus. Er ließ die Kamera weiterlaufen, egal wie oft Marilyn unterbrach, fluchte, rot wurde vor Scham oder auch mal zwischendurch das Richtige tat und sagte. Auf diese Weise entstand zwar ein Berg von unnützem Material, aber in ihm steckten sehr wertvolle Bilder, die Logan zusammen mit Gegenschüssen und Schnittbildern gut zu der Sequenz verarbeiten konnte, auf die es ankam.

**1956**
Künstlerische Anerkennung mit *‹Bus Stop›*

Marilyn bekam für *‹Bus Stop›* zum erstenmal Kritiken, die ihre schauspielerische Leistung lobten. Ohne sie wäre der Film allerdings ein Flop geworden, denn ihr Spiel war so ziemlich das einzige, was gelobt wurde. Joshua Logan warf man vor, er habe über der Bändigung und Dressur Marilyn Monroes, die erfolgreich verlaufen sei, den Rest des Films zu sehr schleifenlassen.

Dem Publikum war das – wieder einmal – völlig egal. Wer Marilyn sehen wollte, kam auf seine Kosten, und so spielte der Film schnell ein Vielfaches seiner Produktionskosten ein. Das Millionending hatte seine Wiedergeburt bestanden, und Marilyn kehrte zurück nach New York.

**Sommer 1956**
Hochzeit mit Arthur Miller

Sie wollte nur noch den Film mit Laurence Olivier in London machen und sich dann als Mrs. Miller zurückziehen in ein Kinderzimmer, dem sie bald seinen Sinn geben wollte. Arthur Miller kam geschieden aus Reno zurück, und am 20. Juni 1956 stand es in der Zeitung: Miller und Marilyn werden heiraten. Sie war inzwischen dreißig geworden.

*Die Tänzerin: Auch ihr artistisches Talent kann Marilyn in ‹Bus Stop› entfalten. Jede Bewegung sitzt und wirkt doch spontan.*

Für Miller endete vorerst sein beschauliches Leben als Intellektueller, der sich fern allen Trubels gehalten hatte. Schneller, härter und in größerer Zahl, als er sich das ausgemalt hatte, trafen ihn plötzlich Fragen, Behauptungen und Blitzlichter der Presse. Da er nach der Hochzeit zusammen mit Marilyn nach London zu den Aufnahmen mit Laurence Olivier fliegen wollte, hatte er mit dem Paßamt zu tun und fand sich plötzlich vor dem Ausschuß für Unamerikanische Aktivitäten wieder. Warum? Niemand sagt es genau, und man vermutet wohl richtig, daß sich der Ausschuß Marilyns Publicity zu eigen machen wollte.
Millers politische Aktivitäten lagen lange zurück und hätten viel früher seine Vernehmung provozieren können, aber vielleicht war er damals nicht berühmt genug. 1940 hatte er für eine Volksfront in den USA geworben, die Mitgliedschaft in der kommunistischen Partei beantragt und noch bis 1949 Weltfriedenskongresse gefördert, die kommunistisch organisiert waren. Vor dem Ausschuß erklärte Miller, er sei kein Kommunist. Bereitwillig beantwortete er Fragen zu seiner politischen und literarischen Aktivität in den letzten zwanzig Jahren, aber beharrlich weigerte er sich, die Namen anderer preiszugeben, mit denen er zusammengearbeitet hatte.
Nach drei Stunden durfte er gehen und kehrte noch in der Nacht aus Washington nach New York zurück. Wieder wurde er von Reportern bestürmt und verfolgt, so daß er am nächsten Tag mit Marilyn, seinen beiden Kindern und seiner Mutter aufs Land flüchtete. Dort konnte er den Journalisten eine Pause bis zum nächsten Morgen abringen. Auf einer Pressekonferenz sollten alle Fragen beantwortet werden. Der kleine Ort glich einem Heerlager, und bevor Milton Greene schließlich für Ordnung sorgen konnte, hatte es eine Tote gegeben: Die USA-Korrespondentin von *Paris-Match* verunglückte in dem Auto, das Marilyn und Miller verfolgte, die gar nicht in dem belagerten Haus geschlafen hatten.
Müßig zu sagen, daß Millers anschließende Mitteilungen dieses Opfer nicht wert waren. Aschfahl im Gesicht stellte er sich den

Fragen der Reporter, die immer neue Posen von Marilyn und ihm verlangten. Er gab bekannt, daß die Hochzeit bevorstehe, aber nicht, daß sie schon am selben Abend in White Plains im Staat New York stattfinden sollte. Am Sonntag darauf folgte eine reformiert-jüdische Zeremonie, zu der Lee Strasberg als Brautvater erschien. Zweifellos war das mehr als eine Geste dafür, daß sich Marilyn seit dem Unterricht bei ihm wie neu geboren fühlte.
Bald darauf reiste der geistige und geschäftliche Kern der Monroe-Truppe nach England ab: Milton und Amy Greene, Lee und Paula Strasberg sowie Marilyn und Arthur Miller. Es wurde kein besonders fröhlicher Betriebsausflug. Die Dreharbeiten zu dem Film ‹*The Prince and the Showgirl*› waren begleitet von Haßtiraden und Intrigen fast eines jeden gegen den anderen. Laurence Olivier war nicht nur der männliche Hauptdarsteller, sondern auch Regisseur. Marilyn war nicht nur die weibliche Hauptdarstellerin, sondern auch Produzentin. Dazu kamen noch Amy Greene als Kostümberaterin und die Strasbergs als künstlerische Helfer an Marilyns Seite.
Der adelige Sir Laurence, den die Amerikaner in den ersten Tagen noch schmeichelhaft Larry gerufen hatten, wurde immer saurer, und weder Milton Greene noch Arthur Miller verhinderten, daß er seine Wut an Marilyn ausließ. Die Auffassungen über den Film gingen so weit auseinander, und die Parteien waren so ausgeglichen in ihren Kräften, daß ein halbherziges Machwerk entstand, das verheerende Kritiken bekam. Der eine Kritiker schonte zwar seinen Sir Laurence und der andere seine Marilyn, aber unter dem Strich wollten alle diesen Hüpfer über den Teich bald vergessen. Daran konnte auch ein Empfang bei Königin Elizabeth II. nichts ändern, denn die britische Presse ließ an keiner Reaktion der Monroe ein gutes Haar. Marilyn zog sich mit Miller zurück.
Auch ihre Beziehung hatte in England gelitten. Marilyn hatte sich mehr Unterstützung von Miller versprochen, er dagegen mehr Aufmerksamkeit von ihr. Schließlich hatte es eine glänzende Premiere seines Stücks ‹*Blick von der Brücke*› in einer überarbeiteten Fassung gegeben, aber Marilyn war nicht bereit gewesen, bescheiden im Hintergrund zu bleiben. Sie hatte ihm die Show gestohlen. Über die

*Am Drehort nicht so charmant zum Schweigen gebracht: Marilyn mit Laurence Olivier in ‹Der Prinz und die Tänzerin›. Sie war Filmstar und Produzent, er Filmstar und Regisseur. Da mußte es krachen. Für Marilyn eine wichtige Erfahrung mehr.*

gleiche Zeit behauptete allerdings Paula Strasberg, sie habe noch nie so viel Liebe und Zärtlichkeit gesehen und noch keine Frau, die so von ihrem Mann geachtet wurde. Urteile hängen bekanntlich immer vom Betrachter ab.
Marilyn und Arthur Miller verbrachten den Sommer in einem kleinen Dorf auf Long Island. Sie war jetzt so weit, wie Joe di Maggio sie hatte haben wollen. Sie ging einkaufen, kochte, zupfte Unkraut und schüttelte die Betten aus. Miller arbeitete an einem

**1958**
Geschäftliche Trennung von Milton Greene

neuen Theaterstück. Am Wochenende kamen Verwandte zu Besuch, Freunde oder Bekannte. Alle staunten und raunten über die geballte Ladung Glück, die ihnen da draußen vorgeführt wurde. Doch einer nahm nicht mehr daran teil. Es war Milton Greene. Der eifersüchtige und geizige Miller hatte es geschafft, daß Marilyn ihn fallenließ. Mit einer lächerlichen Abfindung von kaum hunderttausend Dollar schickte sie ihn weg, und Greene hatte wohl nicht ein zweites Mal die Kraft, einen Giganten umzustoßen, wie er es mit Zanuck gemacht hatte. Es gab nicht mal einen Prozeß, und Marilyn hatte nun als Alleinherrscherin keine Eile mehr, vor die Kamera zu kommen. Sie wollte endlich Kinder haben, aber dieser Wunsch blieb unerfüllt. Mehrere Fehlgeburten erschütterten sie stärker als alle Intrigen der Filmbranche, und sie wurde immer abhängiger von Beruhigungsmitteln und anderen Medikamenten, was nie mehr aufhören sollte.

Miller reagierte auf diese Krise, indem er Marilyn wie eine Sterbende zu behandeln begann, für die man noch schnell alles tun mußte, was nur möglich war. Er verbrannte die tausend Seiten seines Dramenentwurfs und beschloß, ein Drehbuch für Marilyn zu schreiben. Das bedeutete eine totale Umkehrung seiner Grundsätze, nach denen er es immer abgelehnt hatte, ein Stück auf bestimmte Rollen oder gar Schauspieler hin zu schreiben.

‹*Misfits*›, zu deutsch ‹*Nicht gesellschaftsfähig*›, war zuerst eine Kurzgeschichte über drei Männer, die in Nevada Wildpferde fangen und das Fleisch an eine Hundefutterfabrik verkaufen. Ein trauriger Abgesang auf Cowboy-Mentalität und das Gute im Menschen. Für den Film erfand Miller eine Frau dazu, die zwischen den Männern steht und sie zugleich alle drei nicht begreift. Marilyn sollte aus dieser eigentlich nur kommentierenden Nebenrolle eine ihrer besten Darbietungen machen. Während Miller an der neuen Fassung arbeitete, kam Marilyn nach einer ihrer Unterleibsoperationen wieder aus dem Krankenhaus und fiel in immer tiefere Depressionen.

*Auf dem Weg zur Premiere ihres Films ‹Der Prinz und die Tänzerin›: Noch strahlt Marilyn. Auf die pompöse Feier in der ‹Radio City Music Hall› folgten jedoch schlechte Kritiken und ein Flop. Das wahllose Zusammenschnüren von zu verschiedenen Talenten nur um des Geldes willen hatte sich nicht gelohnt.*

*Nach einer Unterleibsoperation verläßt Marilyn Monroe das Lennox-Hill-Krankenhaus in New York. Arthur Miller ist mit seinen Gedanken woanders. Er ist dabei, eine alte Kurzgeschichte in einen Film für Marilyn umzuschreiben.*

## ‹Manche mögen's heiß›

Anders als Joe di Maggio war Miller dafür, daß Marilyn ihre eigene Persönlichkeit pflegte und in der Arbeit bestätigen konnte. Also drängte er auf die Rückkehr zum Film, und da seine *‹Misfits›*-Idee gerade erst geboren war, hielt er nach anderen Stoffen Ausschau. Tatsächlich meldete sich Billy Wilder mit einem Entwurf, den er nur mit Marilyn zusammen verfilmen wollte. Vielleicht war es der Tiefpunkt in Marilyns innerer Verfassung, von dem aus sie *‹Some Like it Hot›* (*‹Manche mögen's heiß›*) zu ihrem größten Erfolg überhaupt machen konnte, auch wenn die Dreharbeiten alles andere als leicht verliefen.

Ihre Partner waren Jack Lemmon und Tony Curtis. Von Gangstern verfolgt schleichen sich die beiden Musiker in eine Frauenband ein, die in Miami, Florida, spielen soll. Marilyn gehört dazu und verwikkelt auf naiv unschuldige Art die beiden Männer in Frauenkleidern in Situationen, die damals, als der Film entstand, gewagt waren.

Von Anfang an hatte sie Schwierigkeiten mit Tony Curtis. Sie ging zu Strasbergs und fragte, wie sie sich mit zwei Männern in Frauenkleidern anfreunden sollte. Das sei doch unvorstellbar. «Ganz einfach», sagte Strasberg, «mach dir deswegen keine Sorgen. Du kennst doch viele Männer, die dich bewundern und gern deine Freunde wären. Eine richtige Freundin hast du aber nicht. Hier sind nun zwei Frauen, die sich mit dir anfreunden wollen!»

Von da an ging es besser. Allerdings hatte sich Marilyns innere Verfassung trotz der Dreharbeiten wenig geändert. Sie war weiter niedergeschlagen und tablettensüchtig. Immer später kam sie zum Drehort. Einmal hatte Billy Wilder alle Mitarbeiter um sechs Uhr abends nach Hause geschickt, weil Marilyn nicht erschienen war. Er soll später gesagt haben, sein Arzt und sein Psychotherapeut hätten ihm jeden weiteren Film mit Marilyn verboten. Tony Curtis blieb mißmutig, weil oft gute Szenen, die er gespielt hatte, unter den Schneidetisch fielen, wenn Marilyn schlecht war. Klare Prioritäten angesichts der Abstimmungen an den Kinokassen. Marilyn war entscheidend.

Der häßlichste Ausbruch gegen sie war bei einer Mustervorführung zu hören, in der gezeigt wurde, wie Marilyn und Curtis sich küssen. «War das nicht wundervoll?» fragte halb neidisch, halb ironisch eine Stimme im Dunkeln, und Tony Curtis sagte: «Als wenn man Adolf Hitler küßt!» Kurz darauf erlitt Marilyn wieder eine Fehlgeburt. Sie kämpfte für ein Kind, sie ließ sich immer wieder operieren. Ohne Erfolg.

‹*Some Like it Hot*› sollte ihr alles andere bringen. Sie bekam enthusiastische Kritiken und verdiente mindestens zwei Millionen Dollar an dem Film. Schon im Jahr seiner Entstehung hatte er ein Fünffaches seiner Kosten eingespielt, und bald zeigten ihn die Kinos auf allen Kontinenten. Auch in Deutschland brachte ‹*Manche mögen's heiß*› volle Häuser.

*Vor dem Abflug nach Hollywood: trotz Kameras und Presseleute Zeit für einen Abschiedsblick.*

*Der Mann ist eine Frau: Jack Lemmon (links) als trinkfeste Daphne mit Marilyn Monroe in ‹Manche mögen's heiß›.*

Vielleicht war es die Kehrseite der New Yorker Duchgeistigung, daß Marilyn solche Erfolge nicht mehr so ausschließlich genießen konnte wie früher, daß sie distanzierter auf Geld und gute Worte reagierte und wie Miller selbst nach den inneren Werten ihres Lebens zu suchen begann. Und woher sollten die kommen? Wünsche zu problematisieren und ihre theoretische Erfüllbarkeit zu einer gültigen Größe zu machen, war eine intellektuelle Spielart, die Marilyn allmählich übernahm, ohne ihr gewachsen zu sein. Für sie aber mußte das in besonderem Maße ein Irrpfad sein, denn auch Miller begleitete sie nicht. Er ging nur neben ihr her.

Plötzlich hatte Marilyn das Gefühl, sie müßte möglichst schnell ihre vertragliche Pflicht zu vier Filmen in sieben Jahren erfüllen, aber *‹Misfits›* war noch immer nicht fertig. Miller schrieb immer neue Fassungen. Er hatte sich und seine schriftstellerische Fähigkeit längst in den Dienst seiner Frau gestellt und gab sich mit den letzten Kleinigkeiten ab, die um und an Marilyn zu überwachen waren: Fotos, Kleider, Zeitungsausschnitte. Und sein Drehbuch für *‹Misfits›* sollte bald zeigen, daß seine Unterwerfung durchaus Kreativität freigesetzt und ein gutes Manuskript erlaubt hatte.

## ‹Machen wir's in Liebe› oder: Neue Liebe

Zunächst aber drehte Marilyn *‹Let's Make Love›*, woraus in der keuschen Übersetzung *‹Machen wir's in Liebe›* wurde. Wieder hatte ein Regisseur ihrer Wahl Marilyn zur Mitwirkung bewogen. Es war George Cukor. Seine größten Erfolge hatte er als Frauen-Regisseur mit Greta Garbo und Katherine Hepburn gehabt, und deswegen wollte Marilyn unbedingt mit ihm arbeiten.

In dem Film spielte sie die Tänzerin in einem Cabaret, das berühmte Persönlichkeiten auf die Schippe nahm, und ihr Partner wurde nach vielem Hin und Her – Yves Montand. Er war fünf Jahre älter als Marilyn Monroe, ein gebürtiger Italiener, der in Frankreich von Edith Piaf gefördert worden war und inzwischen auch am Broadway erfolgreich gespielt hatte. *‹Lohn der Angst›* von Henri-Georges Clouzot war sein internationaler Durchbruch im Film, und *‹Let's Make Love›* ein eher mäßiges Hollywood-Debüt.

Für Marilyn spielte das aber keine Rolle, sie konnte es wohl kaum beurteilen. Eine ganz klassische Befangenheit hatte ihr nämlich schnell den Blick getrübt: Sie war verliebt. Während Arthur Miller an dem neuen Drehbuch schrieb und auch Montands Frau, Simone Signoret, freundschaftliche Bande zu den beiden knüpfte, entspann sich am Drehort in den Goldwyn-Studios eine neue Romanze. Aber hatte Marilyn nicht geschworen, sich niemals an einen Schauspieler zu binden? Oder hielt sie nur so die Belastungen im Studio aus?

**1960**
Affäre mit Yves Montand

Seit ihrem Triumph über die Centfox waren vier Jahre vergangen. Sie hatte Natasha Lytess und Milton Greene hinter sich gelassen, die Strasbergs an sich gefesselt und Arthur Miller erobert. Sie hatte mit den Regisseuren ihrer Wahl gearbeitet und Millionen verdient. Auf ihrem Wunschzettel war alles abgehakt, bis auf die Liebe. «Needing something badly is a sure way of not getting it», sollte John Steinbeck das kommentieren. «Etwas wirklich dringend brauchen ist der sicherste Weg, es nicht zu bekommen.»

Marylin brauchte einen Vater und hat ihn nie bekommen. Wo aber, wenn nicht in ihren Männern, sollte sie ihn suchen? Alle waren wesentlich älter als sie: Dougherty sechs Jahre, der Produzent

*Mit Miller und Paula Strasberg (oben) so vertraut wie mit Yves Montand und Simone Signoret (unten, Mitte): Marilyn während der Dreharbeiten von ‹Machen wir's in Liebe›.*

*Auf das Vortanzen im Film folgt die Romanze zwischen Marilyn Monroe und Yves Montand im Leben. Während die Ehe des Franzosen diese Anfechtung übersteht, wird die verborgene Krise zwischen Arthur Miller und Marilyn Monroe nun offenkundig.*

Schenck sogar sechsundvierzig, Jonny Hyde zweiundzwanzig und di Maggio zwölf. Auch Arthur Miller war elf Jahre älter, aber auch er kein Vater, zu dem sie vertrauensvoll aufblicken konnte. Das Spendende, Kraftvolle, Weise des Vaters, wie sie es vermißte, bot ihr keiner. Alle boten zugleich die schwache, sehnsüchtige Seite eines Geliebten, und Millers Abbruch seiner eigenen Arbeiten, seine Hinwendung zu ihr als einziger Aufgabe muß Marilyn als unerträgliche Schwäche empfunden haben. Zwischen der rüden Fernsehmentalität Joe di Maggios und dem eingeweichten Ich Arthur Millers lagen irgendwo die Möglichkeiten eines Mannes, Marilyn glücklich zu machen. In einer Person kamen sie nie zusammen, aber in *einem* Film ist dieses Spektrum entfaltet: in ‹*Misfits*›.

## ‹Nicht gesellschaftsfähig›

Während Marilyn sich mit Yves Montand in Los Angeles traf, saßen in Irland zwei Männer über dem Drehbuch für diesen Film. John Huston und Arthur Miller arbeiteten an ‹*Misfits*›. Huston war mit Humphrey Bogart zusammen weltberühmt geworden. Mit den ‹*Misfits*› kehrte er zu seinem Lieblingsthema zurück: Männer in der Herausforderung, die unabhängig, mutig und manchmal fatalistisch angenommen wird. Und Arthur Miller versuchte seit langem, seiner Story jene Wende zu geben, die den Einbau einer großen Rolle für Marilyn erlaubte. Das war er nicht nur seiner Frau, sondern auch dem Studio schuldig, das ja mit Marilyn Kasse machen wollte. Gleichwohl standen drei männliche Stars neben ihr: Eli Wallach, Montgomery Clift und Clark Gable, eine auch für Hollywood neue Kombination von Kraft.
Als die Außenaufnahmen in der Wüste von Nevada begannen, war Marilyn das schwächste Glied in dieser Kette. Sie stand ständig unter Medikamenten, kam zu spät oder gar nicht an den Drehort und nervte Miller nachts mit Vorwürfen, während er weiter am Buch schreiben wollte. John Huston ließ sich kaum beeindrucken von Marilyns Launen, er verachtete mit einer besonders professionellen Einstellung zum Film jeden, der diese Arbeit persönlich nahm, als Amateur. Es war bekannt, daß er an Wetten, Spielen und Pferden mehr Interesse hatte als am Film. Vielleicht machte ihn diese innere Unabhängigkeit zu jenem großen Regisseur.

*Während einer Drehpause: Marilyn mit der ‹Misfits›-Mannschaft.*

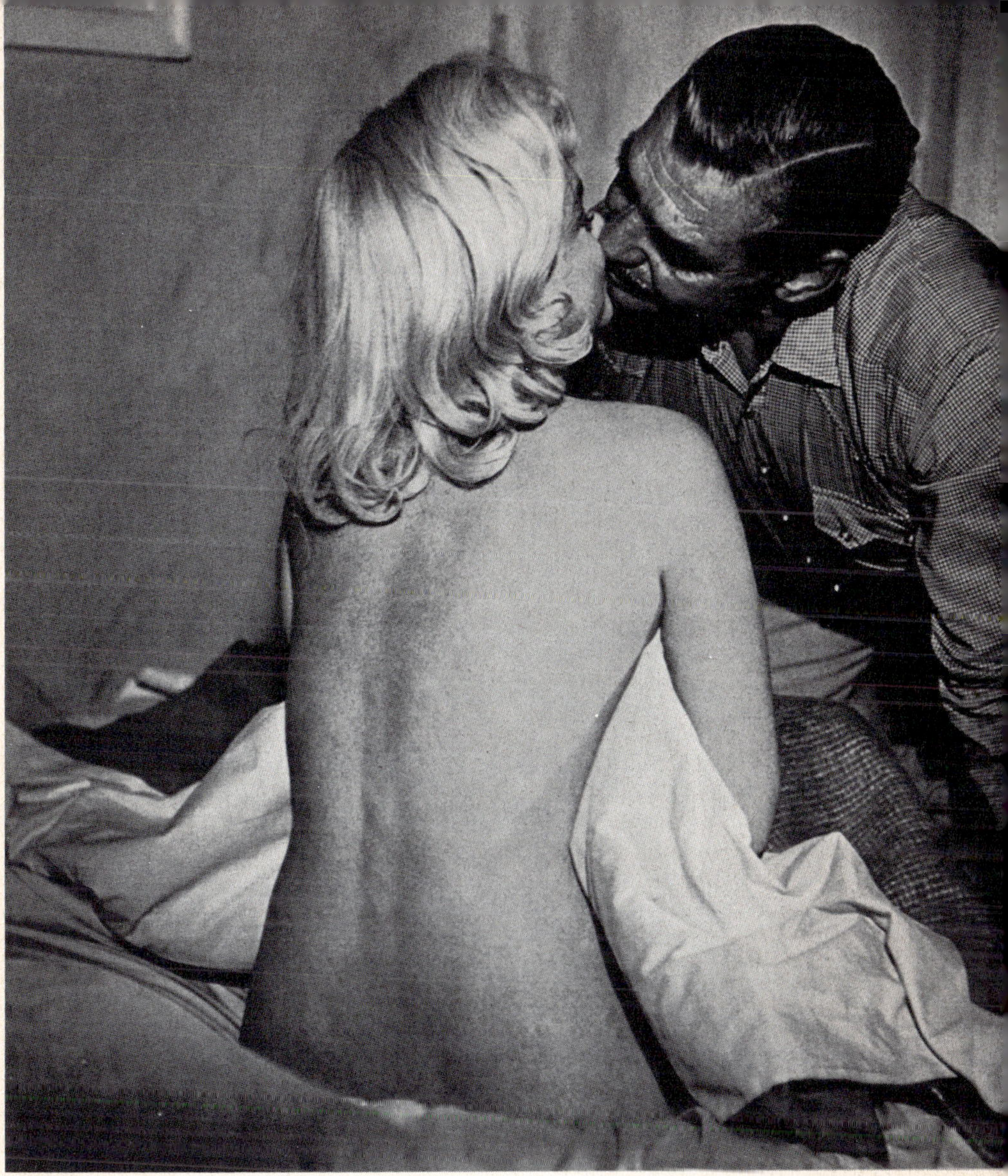

*Wenn der Vater mit der Tochter: Die Zusammenarbeit mit Clark Gable erinnert an Marilyns Kindheitstraum. Endlich umarmt sie der Mann, den sie gern als Vater gehabt hätte – aber wieder ist es nur ein Film.*

Es war nämlich keineswegs so, daß er etwa nachlässig arbeitete. Selten hatte ein Regisseur vorher dem Altstar Clark Gable so viel abverlangt wie Huston in den ‹*Misfits*›. Gable spielte den Mann, der, finster dreinblickend, einen guten Kern verrät, den in Herausforderungen gehärteten Cowboy mit anständigen Grundsätzen. Wenn ‹*Misfits*› eine Parabel auf Marilyns Leben sein kann, steht Gable für Joe di Maggio. Den «gesunden Menschenverstand» mit seinen grausamen Konsequenzen und seiner Hinwendung zum Materiellen vertrat Eli Wallach, vergleichbar mit James Dougherty, und den Zweifler mit den besten Motiven, zu dem auch die Frau die reinste Verbindung hat, spielte Montgomery Clift. Miller konnte sich gut in ihm sehen, er fühlte sich selbst als der einzig legitime Partner, den Marilyn aber nie ganz akzeptieren konnte.

*Entsetzt über seine brutale Seite (links) und betört von seiner Zärtlichkeit (rechts): Marilyn und Clark Gable in Szenen aus ‹Nicht gesellschaftsfähig›. Für beide war es der letzte Film.*

Montgomery Clift verglich Marilyn und sich selbst damals mit Blüten voller Nektar, der Bienen lockt. Aber es kämen immer die falschen Leute, sagte er, immer nur solche, die etwas brauchen, die Energie von ihnen abzögen. Als Schauspieler müsse man ohne dickes Fell herumlaufen und offen sein können für alles. Das aber mache verwundbar. Miller sei zu sehr als Vaterfigur angetreten, die Marilyn zuerst respektiert, zu der sie aufgeblickt habe. Aber: «All idols fall eventually», sagte Montgomery Clift. Runter kommen sie immer, und dann kann Marilyn nichts mit ihnen anfangen.
*‹Misfits›* ist ein Film ohne viel Handlung. Er schweift umher in Stimmungen und Beziehungsbildern, und Marilyn als Roslyn ist weniger eine bestimmte Frau als ein in diesen Männerfilm gehauchtes Gefühl davon, daß es mehr gibt als die rauchzarte Cowboyro-

mantik und mehr als die grausame Wirklichkeit der Kadaververwertung. Die Wildpferde stehen für eine klassische Form von Schönheit und Freiheit, wie sie allenthalben eingefangen und zu Geld gemacht worden ist, und Miller entläßt keinen der drei Helden aus der Schuld daran. So verstanden, zeigen Clark Gable, Eli Wallach und Montgomery Clift verschiedene Verhaltensweisen und Charakterzüge, die in einem einzelnen Menschen anzutreffen sind oder in vielen. Marilyn dagegen steht für das triumphierende Leben, und sei es ein letztes Mal. Sie erreicht, daß Gable die Pferde freiläßt, anstatt sie dem Schlachter zu übergeben.
Während der Dreharbeiten wandte sich Arthur Miller immer mehr John Huston und Clark Gable zu. Mit Huston mußte er sich ohnehin wegen des Buches herumschlagen, und in Clark Gable bewunderte er vielleicht Eigenschaften, die ihm selbst fehlten. In ihn legte er für den Film Züge, die er selbst vielleicht gern Marilyn gezeigt hätte. Für sie war Gable wieder eine Vaterfigur. Wir erinnern uns, daß das Foto ihres möglichen Vaters vor langer Zeit für sie ausgesehen hatte wie ein Bild von Clark Gable.
Was also der Welt nach außen wie der größte Deal in der Geschichte

*Im Schatten des melancholischen Weltstars: Arthur Miller nimmt Abschied von Marilyn Monroe und einer zermürbenden Ehe. Nach sechs gemeinsamen Jahren sind die Erinnerungen an den romantischen Anfang aufgezehrt.*

Hollywoods verkauft werden sollte: das Zusammenspiel der drei männlichen Stars mit Marilyn Monroe, unter der Regie John Hustons nach einem Buch von Arthur Miller, dieser Superlativ in Geist und Geld brachte alle Beteiligten in der Wüste von Nevada an einen erregenden Schnittpunkt ihrer Lebenswege.
‹*Misfits*› signalisierte aber auch Endzeitstimmung. Wie Miller sie für den Film erspürt hatte, erfüllte sie sich in der Realität. Marilyn trennte sich von ihrem dritten Mann, und Clark Gable starb wenige Tage nach Drehschluß. John F. Kennedy wurde Präsident der Vereinigten Staaten und stand wie Montgomery Clift im Film für das Neue und dessen Verletzlichkeit. Beide starben jung: nur sechsundvierzig Jahre alt.

## Die tödliche Einsamkeit des Herzens oder: Der Tod von Norma Jean & Marilyn Monroe

**Januar 1961**
Scheidung von Arthur Miller

Am 5. November 1960 war ‹*Nicht gesellschaftsfähig*› abgedreht, und Marilyn kehrte allein nach New York zurück. Für den Termin ihrer Scheidung wählte sie einen Tag, der ihr wenig Presse bescheren würde: den 20. Januar 1961, den Tag, an dem in Washington John F. Kennedy in sein Amt eingeführt wurde. Marilyn stürzte sich danach in die Arbeit am *Actors Studio*, sie hielt an dieser einen Idee mehr denn je fest: daß sie eine große Schauspielerin sein wollte, daß ihre Zeit bei Strasberg nicht nur eine Retusche in ihrer Biographie, sondern einen qualifizierten Schrei gegen alle hinterlassen sollte, die in ihr nie etwas anderes als die dumme blonde Gans aus Kalifornien sehen wollten.

‹*Misfits*› brachte ihr wieder gemischte Kritiken. Ihre Fortschritte wurden anerkannt, aber einige Kritiker hörten das Papier von Strasbergs Schulbüchern durch ihr Spiel rascheln. Sie offenbare die Grenzen zwischen der Theorie ihres Lehrers und den eigenen Möglichkeiten. Es wurde kein finanzieller Erfolg, und Marilyn mußte von den Einnahmen aus ‹*Some Like it Hot*› leben.

Sie hatte verschiedene Affären, einige mit prominenten Kollegen. Jeder Name blieb aber ein Gerücht, und zwischendurch tauchte immer wieder ein alter Bekannter auf: Joe di Maggio. Er kam herbeigeflogen, wenn Marilyn Hilfe brauchte, er ging mit ihr aus, wenn sie einen Begleiter brauchte, und er telefonierte mit ihr, wenn sie einfach nur eine Stimme brauchte in nächtelanger Schlaflosigkeit. Ihr Tablettenkonsum hatte inzwischen fast den Platz fester Mahlzeiten eingenommen, und immer häufiger und länger flog Marilyn zu ihrem Therapeuten nach Los Angeles.

**1961**
Rückkehr von New York nach Hollywood

Sie kaufte sich ein Haus in Brentwood und zog um. Auch Lee

*Robert Kennedy*

*John F. Kennedy*

**1961**
Affären mit Frank Sinatra und den Kennedys

Strasberg konnte sie nicht mehr in New York halten. Eine Fernsehproduktion unter seiner Regie wurde verworfen. Anfang 1962 sollte Marilyn den nächsten Film für die Centfox machen, eine alte Geschichte, die an den Schreibtischen der Firma aufgemöbelt worden war und ‹*Something's Got to Give*› heißen sollte. Wie schon für ‹*Let's Make Love*› war George Cukor als Regisseur vorgesehen, und als Partner für Marilyn hatte man Dean Martin engagiert.
Dean Martin und Frank Sinatra bildeten eine verschworene kleine Gruppe am Strand von Los Angeles, mit der Marilyn sich bald anfreundete. Dazu gehörte auch Peter Lawford, ein Schauspieler, der weniger für sein Talent als für seine Verwandtschaft bekannt war. Seine Frau war eine Schwester der Kennedys, und so wunderte es selbst unter den Klatschtanten der Westküste niemanden, daß die Brüder John und Robert gelegentlich zum Baden herüberkamen, wenn die Regierungsgeschäfte in Washington diesen Ausflug erlaubten.
Verschiedene Anzeichen und auch Äußerungen von Marilyn Monroe selbst sprachen bald dafür, daß sie mit einem der Kennedys liiert war. Den katholischen Brüdern war zeitlebens eheliche Untreue nachgesagt worden, aber kein Reporter hat es je geschafft, sie mit den Mädchen ihrer Wahl zu sehen oder gar zu fotografieren. Doch statt zum Drehort zu kommen, setzte sie sich eines Tages in ein Flugzeug nach New York und sang im Madison Square Garden ‹*Happy Birthday, Mr. President!*› Selbst diese Szene aber, wieder und wieder über die Fernsehschirme der Nation gejagt, bietet nur Material für Gerüchte. Warum sollte es nicht einfach eine hübsche Idee von Peter Lawford gewesen sein, der die große Geburtstagsparty für Kennedy arrangiert hatte?
Für die Leute bei der Centfox war Marilyns Trip nur eine Episode mehr in ihrer ständig nachlassenden Arbeitshaltung. Verspätungen, Zusammenbrüche, Krankheiten reihten sich aneinander zu einer Kette der Verweigerung, des Überdrusses, der Sinnlosigkeit und Leere. Als hätte Marilyn mit ‹*Misfits*› alles bekommen und alles verloren, geisterte sie nun durch die Szene, und zum erstenmal machte sie den Eindruck einer Entkräfteten, Ausgequetschten, end-

*Müde, allein: Marilyn Monroe gibt ihre Scheidung von Arthur Miller bekannt (unten). Anschließend kauft sie sich einen Bungalow in Hollywood (oben). Ein schöner Platz zum Sterben . . .*

gültig Erledigten, die sich nicht mehr aus dem Trotzfundus ihrer Kindheit neue Korsettstangen einziehen und eine weitere Runde bestreiten konnte. Posierte sie an einem Tag für die schärfsten Aktfotos am Swimmingpool, erschien sie am nächsten Morgen nicht im Studio, feierte sie überschwenglich ihren Geburtstag, war sie tags darauf krank.
Centfox kündigte ihr daraufhin, um unter dem Druck der Aktionäre bald wieder die Fortsetzung der Dreharbeiten zu beschließen. Lange Telefongespräche von der Ostküste nährten die Gerüchte um Marilyns Kontakte zu den Kennedys, und ihr letzter Vertrauter in Hollywood wurde der Masseur Ralph Roberts. Ohne sich auszuliefern, konnte sie ihm ihren Körper anvertrauen, ohne eine komplizierte Beziehung zu fürchten, mit ihm reden.
Das Hoffnungslose an einer Affäre mit Bobby Kennedy konnte ihr aber auch Roberts nicht klarmachen, es entsprach gar nicht seiner Position, ein Urteil darüber zu fällen. Nach allem, was über Marilyn Monroe zu lesen ist, muß es eine Affäre und ein nahendes Ende gegeben haben. Sollten sich die beiden in Lawfords Haus am Strand gefunden haben, so mußte Marilyn der Verlierer sein. Die Macht der Kennedys ruhte auch und vor allem auf der Fassade ihrer moralischen Integrität, und so mag ein Abend voller Verzweiflung oder aber das Fehlen jeglicher Aussicht auf eine gemeinsame Zukunft am Schluß dieser Episode gestanden haben, mag Marilyn einen Moment lang so traurig und für alle Zukunft ohne Hoffnung gewesen sein.

**5. August 1962**
Marilyn Monroe begeht Selbstmord

Am 5. August 1962 lag sie tot auf ihrem Bett, von Schlafmitteln vergiftet, den Telefonhörer noch in der Hand und von nichts als Legenden umhüllt.

*Der Film ist aus – doch es gab kein Happy-End.*
*Man fand sie tot, den Hörer in der Hand.*
*Und die Detektive wußten nicht, mit wem sie sprechen wollte.*
(Aus dem Gedicht von Ernesto Cardenal: *Gebet für Marilyn Monroe.*)

DRESSLER menschen
ANNE FABER
LOUIS ARMSTRONG
Little Dipper, der Negerjunge aus New Orleans · Im Erziehungsheim · Storyville und Mississippi: Die Jazzlegende entsteht · „Spielt weiter, Jungs!" oder: Gangsterkrieg in Chicago · Scat, Trompete, Taschentücher: Satchmo The Great, der King Of Jazz

DRESSLER menschen
SIEGFRIED NIEDERGESÄSS
DIE BEATLES
Die «jungen Löwen mit den qualmenden Gitarren» aus Liverpool · Kartierestart mit Preludin und Pilzkopf · Fans, Freundinnen und Finanzen · All you need is love, oder: Lieder voll von Zufällen · Ein Interview mit Folgen · John, Paul, George und Ringo – Noch immer die Größten am Pophimmel
MERSEY BEAT
Beatles Top Poll!

DRESSLER menschen
JUSTIN BEECHAM
OLGA KORBUT
Das unbekannte Mädchen aus Grodno · Sport in der UdSSR · In letzter Minute eine neue Kür · Der 30-Minuten-Superstar von München · Turnen – Der Zukunftssport für Mädchen, oder: „Meine Tochter soll aber keine Leistungsturnerin werden."

DRESSLER menschen
CHRISTINE GABRIELE HOFFMANN
HEINRICH BÖLL
Ein kritischer Bürger aus Köln · Schüler unter den Nazis · Was haben Sie im Krieg getan, Herr Böll? · Anfang in Trümmern: Endlich schreiben oder Bücher mit Waschküchengeruch · Der Nobelpreis und seine Folgen · Drei Stunden bei Heinrich Böll
Heinrich Böll Gedichte

DRESSLER menschen
HORST KÖNIGSTEIN
JAMES DEAN
Außenseiter in einer amerikanischen Kleinstadt · Detektiv des Alltags oder: Große Lehranstalt New York · „Ich bin keine Maschine": Die Traumfabrik und der Rebell im roten Blouson · Tod in der Abenddämmerung · Wir alle sind Geschwister von James Dean

DRESSLER menschen
PETER BOROWSKY
ADOLF HITLER
Der Zöllnersohn · «Künstlerleben» in Wien · Der 1. Weltkrieg oder: Meine Heimat ist das 16. Regiment · «Deutschland erwache»: Der Weg in die Diktatur · «Arbeitslose von der Straße!» Aufrüstung zum Krieg · Stalingrad: Der Anfang vom Ende.

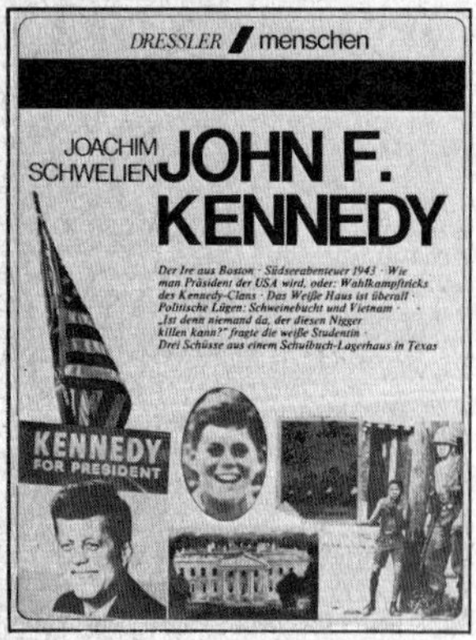
DRESSLER menschen
JOACHIM SCHWELIEN
JOHN F. KENNEDY
Der Ire aus Boston · Südseeabenteuer 1943 · Wie man Präsident der USA wird, oder: Wahlkampftricks des Kennedy-Clans · Das Weiße Haus ist überall · Politische Lügen: Schweinebucht und Vietnam · „Ist denn niemand da, der diesen Nigger killen kann?" fragte die weiße Studentin · Drei Schüsse aus einem Schulbuch-Lagerhaus in Texas
KENNEDY FOR PRESIDENT

DRESSLER menschen
PETER KUNTZE
MAO TSE-TUNG
Der dreckige kleine Bauer aus Schaoschan · Die Zöpfe sind ab oder: China den Chinesen! · Lehrer oder Revolutionär? · Der Kongreß auf der Dschunke · Das Blutbad von Schanghai · 12 500 Kilometer zu Fuß: Der Lange Marsch der Roten Armee · Das neue China oder: Wir sind der Jadekaiser

DRESSLER menschen
HERMANN VINKE
CARL VON OSSIETZKY
Mit einem Vorwort von Willy Brandt
Der Gerichtsschreiber aus Hamburg · «Die Weltbühne»: Journalismus in den «goldenen» zwanziger Jahren · Vor Gericht in der Weimarer Republik oder: «Ich – ein Landesverräter» · KZ-Häftling Nr. 562 oder Die Hölle im Moor · Der Friedensnobelpreisträger
Unsere letzte Hoffnung:
HITLER

# DIE AKTUELLE BIOGRAPHIEN REIHE

Für Jugendliche
sachlich, kritisch, spannend · über Menschen im 20. Jahrhundert aus Musik, Theater und Film, Kunst und Literatur, Sport und Politik, Naturwissenschaft und Technik · zuverlässige Informationen über Fakten und Hintergründe · von Sachkennern und Augenzeugen · anhand einer Schülerumfrage entwickelt

Wessen Biographie möchtest Du lesen? Mache uns Vorschläge! Begründe sie! Unter den besten Vorschlägen von allen Einsendungen werden Beatles-LPs verlost!
Verlagsanschrift: *Cecilie Dressler Verlag,*
*Postfach 230, 2000 Hamburg 65*

«Die aktuelle Biographienreihe des Dressler-Verlags kann als der Versuch angezeigt werden, dem jugendlichen Leser Vorbilder seiner Zeit in dem weitgespannten Rahmen vom Idol bis zum Ideal vorzustellen.»
*(Das gute Jugendbuch, 3/77)*

«Ich möchte Ihrem Verlag ein DICKES Lob zukommen lassen, denn Sie sind bisher der erste Verlag, in dem Jugendliche mitbestimmen können, welche Biographien sie gerne lesen möchten.» *(J. B., 15 Jahre)*

## Zum Weiterlesen

HEMBUS, JOE: Marilyn Monroe. München: Wilhelm Heyne Verlag 1975. – Heyne Taschenbuch 5052
MAILER, NORMAN: Marilyn Monroe. Eine Biographie. München/Zürich: Droemersche Verlagsanstalt 1973
MONROE, MARILYN: My Story. New York: Stein and Day Publ. 1974
WEATHERBY, W. J.: Conversations With Marilyn. London: Sphere Books Ltd. 1977
ZOLOTOW, MAURICE: Marilyn Monroe. Eine Biographie. Stuttgart: Hans E. Günther Verlag 1962

## Bild- und Quellennachweis

Aus: Anger, Kenneth: *Hollywood Babylon*. New York: Dell Publishing Co. Inc. 1975, 14; aus: Blum, Daniel: *A Pictorial History of the Silent Screen*. London: The Hamlyn Publ. Group Ltd. 1973, 11 (rechts), 15, 16, 17, 18, 19 (links); dpa: 47 (oben), 57, 92, 105, 137, 150, 152, 155 (oben), 171 (unten); Filmothek, Berlin: 76, 89 (unten), 94, 95, 99, 147, 149, 153, 156, 157, 160, 163; aus: Gabor, Mark: *Die Geschichte des Pin-Up*. München: Wilhelm Heyne Verlag 1975, 36, 110; Keystone: 29, 69, 144, 171 (oben); aus: Kobal, John (Hg.): *Movie-Star Portraits of the Forties*. New York: Dover Publications Inc. 1977, 45 (links), 63, 89 (oben links); Life: 4/5; aus: Mailer, Norman: *Marilyn Monroe*. München/Zürich: Droemersche Verlagsanstalt 1973, 2/3 (George Barris), 23 und 40 (beide André de Dienes), 42 (Philippe Halsman), 45 (rechts, André de Dienes), 71 (Philippe Halsman), 83 (oben, John Vachon), 83 (unten, Lee Lockwood), 89 (oben rechts, Philippe Halsman), 104 (UPI), 111 und 114 (Sam Shaw), 131 (Eve Arnold), 133 (oben, Lawrence Schiller), 139 (Milton H. Greene), 159 (Elliott Erwitt), 161 und 162 (Eve Arnold), 164 (Cornell Capa), 165 (Inge Morath), 166/67 (Milton H. Greene), 168 (George Barris), 173 (Bob Willoughby); aus: Marx, Groucho, und Anobile, Richard J.: *The Marx Bros. Scrapbook*. New York: Grosset & Dunlap Inc. 1974, 53; aus: Obst, Lynda Rosen (Hg.): *The Sixties*. New York: Random House Inc. 1977, 133 (unten); Hans Helmut Prinzler, Berlin: 66; Wolfgang Tumler, Berlin: 120, 121, 125; aus: Tyler, Parker: *A Pictorial History of Sex in Films*. Secaucus, N. J.: The Citadel Press 1974, 19 (rechts), 41; USIS: 170; aus: Zolotow, Maurice: *Marilyn Monroe*. Stuttgart: Hans E. Günther Verlag 1962, 8, 10, 11 (links), 27, 31, 37, 47 (unten), 61, 65, 67, 72, 117, 134/135, 143, 155 (unten).
Das Zitat auf Seite 172 ist dem Gedicht von Ernesto Cardenal, *Gebet für Marilyn Monroe* (Peter Hammer Verlag, Wuppertal 1971) entnommen.
Wir danken für die freundliche Abdruckgenehmigung.

*Für Elke und Hans Helmut*